Pareys bunte Gartentips

In der Reihe

Pareys bunte Gartentips

sind bisher erschienen:

R. GARDINER,	So wird der Rasen perfekt
R. GROUNDS,	So schneidet man Zier- und Obstgehölze
R. GROUNDS,	So pflegt man Zimmerpflanzen
R. GENDERS,	So einfach ist der Anbau von Gemüse
F. GLASAU,	So hat man mehr Freude an Rosen
G. FRITZSCHE,	So wächst und blüht es auf dem Balkon
H. KOHSTALL,	Laubgehölze für den Garten
H. KOHSTALL,	So schmückt man Gärten mit immergrünen Laubgehölzen, Rhododendron und Heide
E. STAMM,	Erfolgreiches Gärtnern auf Hochbeeten
A. FÖRSTER,	So wird ein naturgemäßer Gartenteich angelegt
B. ELERS,	So gärtnert man biologisch
M. MÄKELER,	Fruchtbarer Gartenboden durch richtige Bodenpflege und Düngung
H. DOPP,	So pflegt man Kakteen im Zimmer, Gewächshaus und Garten
H. SCHMICK,	Der naturgemäße Steingarten
G. ORTMANN,	Urlaubssichere Bewässerung für Pflanzen
H. RÄUBER/A. RÄUBER,	Fachkundig gärtnern – Profiwissen für Hobbygärtner

Die Reihe wird forgesetzt

Hellmut Räuber · Annegret Räuber

Fachkundig gärtnern – Profiwissen für Hobbygärtner

Biologische Grundlagen für richtiges Säen, Pflegen, Ernten und Lagern

Mit 29 Farbabbildungen, 33 Zeichnungen und 9 tabellarischen Übersichten

Verlag Paul Parey · Berlin und Hamburg

Umschlagfoto: Ernst Niller

Die Deutsche Bibliothek – CIP – Einheitsaufnahme

Räuber, Hellmut:
Fachkundig gärtnern : Profiwissen für Hobbygärtner ; biologische Grundlagen für richtiges Säen, Pflegen, Ernten und Lagern / Hellmut Räuber ; Annegret Räuber. – Berlin ; Hamburg : Parey, 1992
(Pareys bunte Gartentips)
ISBN 3-489-63724-0
NE: Räuber, Annegret:

Abbildungsnachweis:
Johannes Apel (S. 17, 45 u. 83),
Ernst Niller (S. 8, 13, 25, 26, 27, 33, 41, 51, 59, 67, 69 u. 87),
Axel Grambow (S. 78).
Übrige Fotos und Zeichnungen vom Verfasser.

Verlag Paul Parey, Berlin und Hamburg
Anschriften:
Seelbuschring 9–17, D-1000 Berlin 42
Spitalerstraße 12, D-2000 Hamburg 1

ISBN 3-489-63724-0 · Printed in Germany

Schrift:
Times und Kabel
(Siemens-Satzsystem Diacos)
Umschlag:
Atelier Buchholz/Hinsch/Hensinger
D-2000 Hamburg 73
Satz und Druck:
Druckerei Appl
D-8853 Wemding
Bindung:
Buchbinderei Bruno Helm
D-1000 Berlin 30

Vorwort

Die Unrast der Städte und die Gefahr, Obst und Gemüse aus einem unkontrollierbaren, naturfern wirtschaftenden Intensivanbau verbrauchen zu müssen, wecken in vielen Menschen den Wunsch nach einem eigenen Garten.

Ist dieser Wunsch in Erfüllung gegangen, soll fachliches Können unter Beweis gestellt werden. Und plötzlich ergeben sich tausend Fragen: Wie hat die Bodenbearbeitung zu erfolgen; muß jedes Unkraut entfernt werden; wann sollen die Pflanzen gegossen werden; welche Wirkung haben die Düngemittel; warum werden Gehölze zurückgeschnitten; wie wird das geerntete Obst gelagert; kann man Samen von Einjahresblumen ernten ...? Gartenbücher werden gewälzt, die Nachbarn befragt – ein eifriges Lernen beginnt. Das erworbene Wissen bleibt jedoch Stückwerk, wenn die Grundlagen, nach denen das Wachstum und die Entwicklung der Pflanzen erfolgt, nicht erkannt werden.

Die Lebensgesetze in den Pflanzen können nur unter ganz bestimmten Umweltbedingungen zur Wirkung kommen. Daß dabei die Verbindung zwischen Pflanze und Umwelt sehr intensiv ist, läßt sich bereits bei einer einfachen Überlegung erkennen. Beinahe alle Teile dieser Organismen sind so fein verzweigt, daß ein sehr enger Kontakt mit Boden und Atmosphäre zustande kommt. Durch diese Oberflächenvergrößerung werden Stoffe und Energie schnell ins Pflanzeninnere aufgenommen und dort zu organischen Stoffen, den Grundlagen der Lebensprozesse, umgewandelt. Durch diesen intensiven Zusammenhang ist die Pflanze einerseits sehr anfällig gegen ungünstige Umweltveränderungen und falsche Kulturmaßnahmen, spricht andererseits aber auch sehr schnell auf eine gut abgestimmte Gestaltung der Wachstumsfaktoren an. Erst wenn der Gärtner erkennt, wie er durch seine Tätigkeit, die in den Pflanzen wirkenden Gesetzmäßigkeiten beeinflussen kann, hat er das geistige Rüstzeug, um auf seinem Grund und Boden Wachstum und Entwicklung günstig zu gestalten. Gesunde, wohlbekömmliche Pflanzenkost und ein reiches Angebot an Blumen werden dann der wohlverdiente Lohn seiner Bemühungen sein.

Von der Keimung des Samens, über die Entwicklung der Pflanzenstrukturen bis zu den Vorgängen der Reife wird in diesem Buch immer wieder auf die engen Zusammenhänge zwischen den grundlegenden Lebensprozessen in den Organismen und den Außenfaktoren eingegangen. Abgeleitet davon werden geeignete Kulturmaßnahmen aufgezeigt, durch die es möglich ist, diese Wechselwirkungen möglichst optimal zu gestalten. Dadurch sollen dem Hobbygärtner die Voraussetzungen gegeben werden, die konkreten Wachstumsbedingungen auf seinem Grundstück richtig einzuschätzen und zielgerichtet zu gestalten. Dieses Denken in Zusammenhängen soll pflanzenbauliches Verständnis wecken und zu weiteren Studien im eigenen Garten anregen.

Dresden-Pillnitz,
im April 1992

Annegret Räuber
Hellmut Räuber

Inhalt

1 Der Garten im Kreislauf der Natur

Der Weg in den Garten ist immer ein Gang aus den festen Banden des Alltags in die Unbeschwertheit der Natur. Alles ist in ständiger Bewegung und Veränderung begriffen. Stets gibt es etwas Neues, Unerwartetes zu bestaunen. Man muß nur den Blick dafür haben.

Die Pflanze im kosmischen Geschehen

Man sollte aber noch weiter denken: Auch wenn es seltsam erscheinen mag – jeder sollte seinen Garten als einen Teil des Naturganzen sehen; denn jede Pflanze ist eng mit dem kosmischen Geschehen verbunden, wird von ihm beeinflußt, hat aber selbst wieder einen Einfluß auf das Naturganze.

Über die Pflanzen des Gartens werden zwei verschiedene Kreisläufe miteinander verbunden, bei denen einerseits die Atmosphäre, andererseits der Boden der Ausgangspunkt für die Prozesse ist.

Der Kreislauf Atmosphäre-Pflanze-Tier/Mensch-Atmosphäre: Alle grünen Pflanzen nehmen aus der Luft das energiearme Kohlendioxid, aus dem Boden Wasser auf. Mit Hilfe der Sonnenenergie entstehen aus ihnen energiereiche Kohlenhydrate. Diese sind wiederum die Voraussetzungen, daß Fette, Eiweiße, organische Säuren, aber auch Duft- und Wirkstoffe gebildet werden. Alle diese organischen Verbindungen werden von Tier und Mensch als Nahrung aufgenommen. Jede erfüllt in deren Stoffwechsel unterschiedliche Funktionen. Die Reste der Pflanzen, Tiere und Menschen, aber auch deren Ausscheidungsprodukte bilden die Nahrungsgrundlage der Mikroorganismen. In der Kette Pflanze-Tier/Mensch-Mikroorganismen wird die Sonnenenergie, die in den organischen Verbindungen letztendlich enthalten ist, schrittweise genutzt. Die anorganischen Endprodukte gehen wieder an die Atmosphäre (z.B. CO_2) oder gelangen in den Boden (z.B. Mineralstoffe). Auf diese Weise stehen sie wieder als Ausgangsstoffe für einen Kreislauf zur Verfügung, dessen Motor die Sonnenenergie ist. Bei den aufbauenden Prozessen dieses Kreislaufs wird außerdem von den Pflanzen Sauerstoff an die Atmosphäre abgeschieden, der seinerseits Grundlage für die Atmungsprozesse aller Organismen ist. Somit ist das Grün jedes Gartens Teil des Naturganzen und trägt im Kreislauf der Natur zur Existenz des Lebens auf der Erde bei (s. Abb. auf S. 10).

Der Kreislauf Boden-Pflanze-Tier/Mensch-Boden: Bereits die Beschreibung des atmosphärischen Kreislaufs läßt erkennen, daß die Pflanze zudem in einen Kreislauf eingeschlossen ist, der über den Boden verläuft. Sie entnimmt diesem die mineralischen Bestandteile. Diese Pflanzennährelemente gehen über Futter und Nahrung in den Stoffwechsel der Tiere und Menschen ein, gelangen mit den Ausscheidungen in den Boden und werden dort von den Mikroorganismen wieder in pflanzenaufnehmbare Formen überführt.

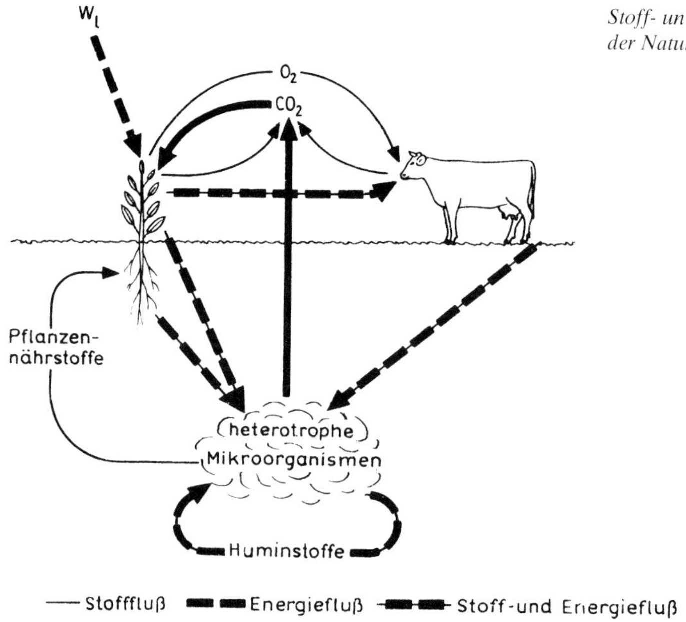

Stoff- und Energiekreisläufe in der Natur

Wenn alle pflanzlichen Abfälle im Garten verbleiben und auf den Kompost gelangen oder zum Mulchen verwendet werden, genügt dieser Kreislauf, um die Pflanzen ausreichend mit Nährstoffen zu versorgen.

Vom Eingriff des Menschen in natürliche Zusammenhänge und Wechselwirkungen

Seitdem der Mensch lebt, greift er in zunehmendem Maße in die natürlichen Zusammenhänge auf der Erde ein. Heute sind die dadurch entstandenen Schäden kaum noch zu reparieren. Es muß deshalb das Anliegen jedes einzelnen Hobbygärtners sein, die biologischen Gesetzmäßigkeiten zu erkennen und in seinen Aktivitäten so zu berücksichtigen, daß die Natur möglichst schonend behandelt wird; denn die Fläche aller Gärten in Stadt und Land ist größer als die der Naturschutzgebiete.

Biologische Gesetzmäßigkeiten im gepflegten Nutzgarten: Im gepflegten Nutzgarten werden die natürlichen Kreisläufe und damit die biologischen Gesetzmäßigkeiten stärker gestört, als es notwendig ist. Da vielfach Höchstleistungen von den Böden gefordert werden, wird mit einem überhöhten Einsatz von Düngern und Pflanzenschutzmitteln gearbeitet. Die Folgen sind nicht zu übersehen:

- Überschüssige Dünger werden ins Grundwasser ausgeschwemmt und werden zu Schadstoffen für Mensch und Tier.
- Überdüngte Pflanzen werden anfällig gegen Schädlinge und Krankheiten. Ein verstärkter Einsatz von Pflanzenschutzmitteln ist notwendig.
- Großzügig angewandte Pflanzenschutzmittel belasten die Umwelt und gefährden die Nützlinge. Das führt zur stärkeren Vermehrung der Schädlinge und zu einem erneuten Einsatz von Pflanzenschutzmitteln.

Biologische Gesetzmäßigkeiten im Naturgarten: Im Naturgarten hingegen bleiben die natürlichen Zusammenhänge weitgehend erhalten:

Siebenpunkt verzehrt Blattlaus. Einer Vermehrung der Schädlinge folgt mit Abstand die Vermehrung der Nützlinge (Räuber-Beute-Verhältnis). Diese Beobachtung gibt Hinweise für den biologischen Pflanzenschutz ▶

- ▶ Durch richtige Kompost- und Bodenpflege bleibt die Bodenfruchtbarkeit erhalten. Humus verbessert die Bodenstruktur und reichert den Boden mit gut aufeinander abgestimmten Pflanzennährstoffen an.
- ▶ Durch Fruchtwechsel, gute Sorten- und Pflanzenwahl und den Anbau von Mischkulturen läßt sich die Anwendung von Pflanzenschutzmitteln minimieren.
- ▶ Auf einem vielgestaltigen Gartenareal wird den Nützlingen Unterschlupf geboten. Es werden viele kleine Lebensräume geschaffen, in denen natürliche Wechselwirkungen und Zusammenhänge erhalten bleiben, so daß die biologischen Gesetzmäßigkeiten wirken können und dadurch der Einsatz von Pflanzenschutzmitteln weitgehend eingeschränkt werden kann.

2 Mensch und Pflanze

Die Pflanze als Nahrungsmittel und Schmuck für Haus und Garten

Der Mensch nimmt das vielfältige Geschehen, das in den Pflanzen abläuft, nicht unmittelbar wahr. Er bemerkt auch nicht vordergründig, daß er durch die Kreisläufe, die in der Natur wirken, in vielfältiger Form mit den Pflanzen verbunden ist.

Die Pflanze als Nahrung

Die wichtigste Erkenntnis, die aus der Darstellung der Kreisläufe in der Natur gewonnen wird, ist die, daß die Pflanzen allen Lebewesen direkt oder indirekt als Energiequelle und als Lieferant wichtiger Nährstoffe, Mineralstoffe und lebensnotwendiger Wirkstoffe dienen.

Das Wasser als Grundlage aller Stoffwechselprozesse: Die Stoffwechselprozesse, die zur Bildung der Pflanzensubstanz führen, laufen nur im wäßrigen Milieu ab. Deshalb bestehen die Pflanzen in frischem Zustand vorwiegend aus Wasser. Je nach der Intensität der Stoffwechselprozesse in den Pflanzenorganen schwankt der Wassergehalt in der Frischsubstanz der Pflanzen recht beträchtlich. Am höchsten ist er in wachsenden Organen; Früchte und Blätter bestehen zu 80 bis 90% aus Wasser. In ruhenden Pflanzenteilen, z. B. in Samen, ist er am geringsten und liegt bei 7 bis 15%.
Frisches Obst und Gemüse haben den vollen Wassergehalt. Wenn sie im eigenen Garten produziert werden, können sie taufrisch auf den Küchentisch kommen. Dadurch steht dem Menschen die volle Stoffwechselkraft der Pflanze zur Verfügung, und es sind noch keine Abbauvorgänge aufgetreten, welche die stoffliche Zusammensetzung der Pflanze verändert haben.

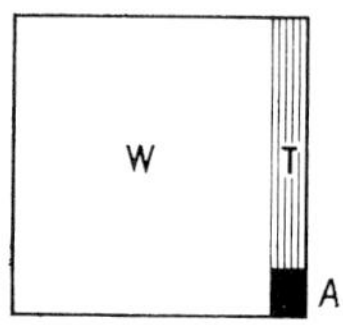

Stoffliche Zusammensetzung eines Spinatblattes:
W = *Wasser,*
T = *Trockensubstanz,*
A = *Asche*

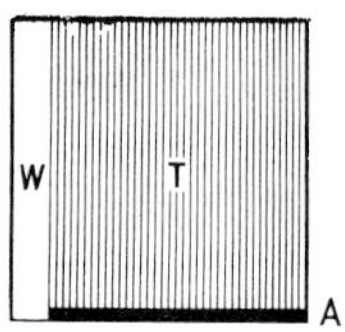

Stoffliche Zusammensetzung eines Spinatsamens:
W = *Wasser,*
T = *Trockensubstanz,*
A = *Asche*

Die Pflanze als Lieferant organischer Stoffe: Wird die Pflanze stark getrocknet, bleibt die Trockensubstanz zurück, sie umfaßt organische und anorganische Stoffe. Letztere bleiben beim Verbrennungsvorgang als Asche zurück.
Die wichtigsten organischen Stoffe bestehen aus verzweigten oder unverzweigten Molekülketten, die sich durch Enzyme in viele kleinere Bestandteile (Bausteine, Monomere) zerlegen lassen. Die kettenförmigen Verbindungen (Polymere) sind meist in Zellstrukturen eingebaut oder sie sind gespeichert. Wenn die Ketten zerlegt sind, werden ihre Bausteine löslich. In dieser Form werden die organischen Stoffe in der Pflanze transportiert. Die organischen Baustei-

Der Garten kann zugleich nützlich und schön sein

ne können durch Enzyme wieder zu kettenförmigen Verbindungen synthetisiert werden.
Kohlenhydrate bestehen aus den Elementen Kohlenstoff (C), Sauerstoff (O) und Wasserstoff (H), die in charakteristischer Weise zu den verschiedenen Zuckerarten verbunden sind. Die löslichen Zuckermoleküle verbinden sich zu unlöslicher Stärke oder Zellulose. Die im Garten produzierte Pflanzenkost ist reich an Zuckerarten (Obst) und an Stärke (Gemüse). Sie liefert außerdem mit der Zellulose, die gemeinsam mit anderen Stoffen in die Zellwände eingelagert ist, die Ballaststoffe, welche in der menschlichen Ernährung der Förderung der Verdauungsvorgänge dienen.

• Mit dem Stoffwechsel der Kohlenhydrate stehen die beim Zuckerabbau entstehenden organischen Säuren in enger Beziehung, von denen die gesättigten und die ungesättigten Fettsäuren von besonderer Bedeutung sind. Sie verbinden sich mit Glyzerin zu den Neutralfetten. Diese sind noch energiereicher als die Zucker. Kleine Samen enthalten deshalb meist viel Öl. Samen von »Ölfrüchten« werden für die Gewinnung pflanzlicher Öle und Fette genutzt. Diese enthalten besonders viel lebenswichtige (essentielle) Fettsäuren und sind deshalb für die menschliche Ernährung besonders wertvoll.

• Verbinden sich stickstoffhaltige Moleküle mit den Zwischenprodukten des Kohlenhydratstoffwechsels bzw. -abbaus, so entstehen die Aminosäuren. Aus reichlich 20 verschiedenen Aminosäurearten setzen sich die kompliziert aufgebauten pflanzlichen Eiweiße zusammen. Da jede Pflanzenzelle in ihrem Zellplasma Eiweiß enthält, kann der Mensch einen großen Teil seines Nahrungsmitteleiweißes aus Pflanzenkost gewinnen. Für den Hobbygärtner sind

Umwandlung von Monomeren zu Polymeren (Schema)

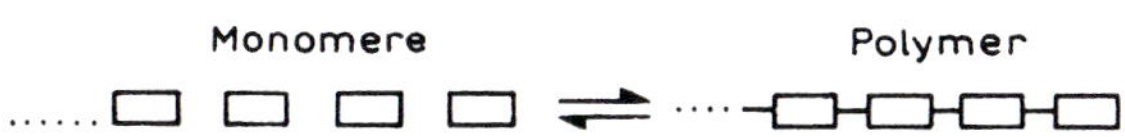

als Eiweißlieferanten viele Schmetterlingsblütengewächse (Leguminosen) von Bedeutung. Besonders hochwertig ist das Eiweiß von Sojabohnen, da es die Aminosäuren in einer Zusammensetzung enthält, die der des Fleisches ähnelt.

• Außerdem befinden sich in jeder Zelle die Nukleinsäuren. In ihnen sind durch die Reihenfolge der Bestandteile die spezifischen Erbinformationen für jedes Lebewesen enthalten.

Die komplizierte Struktur der Eiweiße. Die kettenförmige Struktur des Polymers (a) *wird spiralig gerollt* (b) *und anschließend zusammengeknäult* (c). *(Anordnungen bei* b *und* c *sind um eine gedachte Achse gelegt,* c *ist geringer vergrößert als* b)

Die Pflanze als Lieferant anorganischer Stoffe: Im Kreislauf der Natur sind die Pflanzen unmittelbar mit dem Boden verbunden. Dieser liefert ihnen die Mineralstoffe, die im Stoffwechselgeschehen eine wesentliche Rolle spielen. Diese mineralischen Stoffe werden als pflanzliche Nährelemente bezeichnet. Sie werden entweder in größeren oder geringeren Mengen benötigt und dann Makro- oder Mikronährelemente genannt.

• Die pflanzlichen Nährelemente werden vom Menschen mit der Nahrung aufgenommen. Dieser benötigt täglich die Massenelemente Stickstoff (N), Phosphor (P), Kalium (K), Magnesium (Mg), Calcium (Ca), Schwefel (S), Natrium (Na) und Chlor (Cl). Da die Elemente Na und Cl in der Pflanze oft nicht in ausreichendem Maße vorhanden sind, müssen sie den Speisen als Kochsalz zugegeben werden.

• Die pflanzlichen Mikronährelemente oder Spurenelemente spielen in wichtigen Stoffwechselprozessen der Pflanze eine Rolle. Sie sind auch für die Ernährung des Menschen von großer Bedeutung. Einer Unterversorgung des Menschen kann vor allem durch Nahrungsmittel aus biologisch orientiertem Pflanzenbau vorgebeugt werden.

Wirkstoffe in der Pflanze: In den vergangenen Jahren und Jahrzehnten hat sich die Erkenntnis durchgesetzt, daß weitere organische Stoffe, die bereits in sehr geringen Mengen wirken, wichtig für das Wachstum und die Entwicklung der Pflanzen sind. Viele von ihnen sind auch für den Menschen bedeutungsvoll.

• Vitamine sind seit längerer Zeit in der Diskussion, da sie in der menschlichen und tierischen Ernährung nicht fehlen dürfen. Viele dieser Stoffe werden nur in den Pflanzen synthetisiert. Pflanzenkost ist dementsprechend reich an Vitaminen bzw. ihren Vorformen, den Provitaminen. Von besonderem Interesse ist das Vitamin C, da es in menschlichen Geweben kaum gespeichert werden kann, dem Organismus also ständig zugeführt werden muß. In den frischen Pflanzenteilen ist es zwar in ausreichendem Maße vorhanden, wird aber beim Welken oder bei der küchentechnischen Aufbereitung von Pflanzenkost schnell zerstört. Gerichte sollten deshalb stets einen Teil des Gemüses in roher Form enthalten. Auch frische Küchenkräuter reichern die Speisen mit Vitaminen an.

• Enzyme (Fermente) sind hochmolekulare Eiweißstoffe. Durch sie werden vielfältige Stoffwechselprozesse in den Zellen und Organen katalysiert. Jedes Enzym bewirkt nur einen Teilschritt im gesamten Stoffwechselgeschehen, so daß an der Umsetzung eines Substrats viele Enzyme beteiligt sind. Die Wirkung von Enzymen ist temperaturabhängig. Deshalb verlaufen bei hohen Temperaturen (etwa 30°C) die biologischen Reaktionen schneller als bei niedrigen.

• In der Pflanze müssen die Wachstums- und Entwicklungsprozesse aufeinander abgestimmt werden. Das geschieht durch die Wachstumsregulatoren oder Phytohormone. Sie sind in sehr geringer Konzentration aktiv und können als

Botenstoffe ihre Wirkung weitab vom Entstehungsort im Organismus entfalten. Damit sind sie physiologisch mit den tierischen Hormonen zu vergleichen, denen sie aber nicht in der chemischen Zusammensetzung entsprechen.

• Neben den allgemein verbreiteten Wirkstoffen gibt es auch solche, die nur in wenigen Pflanzenarten oder Pflanzenfamilien gebildet werden, bzw. für deren Entwicklung Bedeutung haben. Hierzu gehören z.B. die ätherischen Öle. Sie sind von öliger Konsistenz und verflüchtigen sich leicht, wobei sie einen charakteristischen Duft verbreiten. Allbekannt ist ihr Vorkommen in Blüten, in denen sie als Lockmittel für bestäubende Insekten wirken. Früchten geben sie ihr charakteristisches Aroma. Bei einer Anzahl von Pflanzenfamilien befinden sie sich auch im Laub (Lippenblütengewächse, z.B. Pfefferminze; Doldengewächse, z.B. Petersilie). Beim Menschen wirken sie u.a. appetitanregend und haben einen günstigen Einfluß auf die Verdauungs- und Ausscheidungsorgane. Es sollte deshalb in keinem Garten ein Beet mit verschiedenen Heil- und Gewürzpflanzen fehlen.

Die Pflanze als Träger von Giftstoffen: Nicht alle Pflanzen sind für die Ernährung gleich gut geeignet. Einige enthalten von Natur aus Stoffe, die auf den Menschen giftig wirken. Andere sind durch landwirtschaftliche Maßnahmen in ihrem Gebrauchswert gemindert.

• Unter den Begriff Pflanzengifte fallen durchaus nicht nur Stoffe, die den Tod herbeiführen, sondern auch solche, welche vorübergehende Schädigungen hervorrufen. Die Giftstoffe lassen sich nach ihrem chemischen Charakter untergliedern. Am bekanntesten sind die Alkaloide und die Glykoside. Die Alkaloide sind stickstoffhaltige Naturstoffe und besitzen eine basische Reaktion. Sie sind z.B. in den grünen Blättern der Nachtschattengewächse (Solanaceen) enthalten und werden bei der Reife der Früchte bei Tomate und Paprika oder den Knollen der Kartoffel abgebaut. Die Glykoside bestehen aus einem zuckerhaltigen und einem zuckerfreien Bestandteil. Bekannt sind die Senfölglykoside, die in den Blättern, Blüten und Früchten der Kohlgewächse vorkommen und den Menschen nicht schädigen. Die Glykoside des Maiglöckchens hingegen sind herzwirksam, führen vor allem bei Kindern, welche die roten Beeren essen, zu schweren Vergiftungserscheinungen.

Häufig ist zu beobachten, daß die Pflanzenorgane im Laufe der Entwicklung Giftstoffe anreichern. So ist z.B. der Verzehr von gekochten Blattstielen des Rhabarbers im Jugendstadium üblich, sollte aber nach dem 21. Juni vermieden werden, da sich zu viel oxalsaure Salze gebildet haben. Rhabarberblätter hingegen sind stets ungenießbar.

Tödlich wirken die Gifte vom Blauen Eisenhut, der Herbstzeitlose, dem Seidelbast, dem Pfaffenhütchen, dem Oleander und der Eibe. Die Pflanzen sollten dort nicht kultiviert werden, wo sie durch Kinder erreichbar sind.

• Durch den Einsatz von Chemikalien gelangen Substanzen in den Kreislauf der Natur, die auf Tiere und Menschen ungünstigen Einfluß haben können. Der Hobbygärtner hat die Möglichkeit, sich vor diesen Substanzen zu schützen, indem er wenig mineralische Dünger, dafür aber stärker organische Düngemittel einsetzt, beim Pflanzenschutz möglichst auf Chemikalien verzichtet, dafür aber die natürlichen Feinde der Schädlinge nutzt (Marienkäfer, Florfliegen, Gallmücken gegen Blattläuse; Schlupfwespen gegen Weiße Fliege; Raubmilben gegen Spinnmilben). Man kann bei der Insektenbekämpfung auch mit natürlichen Giften arbeiten, z.B. mit dem in einer Chrysanthemen-Art vorhandenen Pyrethrinen. Die Verfechter des biologischen Gartenbaus nutzen bei der Schädlingsbekämpfung auch vergorene Pflanzenbrühen.

Die Pflanze als Vermittlerin ästhetischer Erlebnisse

Zunehmend entfällt die Notwendigkeit, ein Maximum an Obst und Gemüse im eigenen Garten zu produzieren. Dadurch ist es möglich, in stärkerem Maße Blumen und Ziergehölze anzubauen und sich an deren Schönheit zu erfreuen.

Die Pflanze im Garten: Versetzt man sich in die Welt des fernen Ostens, so bemerkt man, daß sich die Menschen viel Zeit nehmen, Pflanzen zu betrachten, und dadurch die Ruhe erhalten, die zur geistigen Entspannung führt. Beredter Ausdruck für diese Geisteshaltung sind Gestaltungen mit Pflanzen im Sinne des Ikebana oder die Anzucht von Miniaturbäumchen im Stil des Bonsai.

Man sollte sich auch im Garten täglich die Muße gönnen, um sich an der Zartheit einer Keimpflanze, dem Farbenspiel einer Staudengruppe oder der satten Glut von reifem Obst zu erfreuen. Diese Freude kann man sich selbst dadurch bereiten, indem man überall dort, wo man nahe an die Pflanze herantreten kann, also am Hauptweg des Gartens oder in der Nähe des Sitzplatzes, Blumen mit schönen Farben oder Pflanzen mit auffallenden Formen konzentriert. Dem Freund einer naturnahen Gartengestaltung sei empfohlen, statt eines Stück Rasens eine kleine Blumenwiese anzulegen. Hier lassen sich täglich Beobachtungen anstellen, da die Wildblumen viele Insekten anlocken.

Die Pflanze auf Balkon und Loggia: Doch auch für denjenigen, der keinen Garten sein eigen nennt, lassen sich Erlebnisse mit Pflanzen herbeiführen. Balkon und Loggia sind geeignete Plätze, um sich an Pflanzen erfreuen zu können. Die extremen Verhältnisse an diesen Wind und Wetter ausgesetzten Standorten verlangen vom Hobbygärtner ein besonderes Einfühlungsvermögen; denn den Pflanzen steht hier nur ein kleines Erdvolumen zur Verfügung. Hitze und Kälte wirken fast unmittelbar auf die Pflanzenwurzel. Außerdem spielt eine Rolle, nach welcher Richtung der Balkon weist. In Nordlage gedeihen Fuchsien und Begonien, in Südlage Petunien und Pelargonien.

Berücksichtigt der Balkongärtner die extremen Bedingungen, so wird er bemerken, daß sich die Standorte auf Balkon und Loggia das gesamte Jahr über mit Gruppenpflanzen, Einjahresblumen, niedrigen Stauden oder gar mit Zwerggehölzen besetzen lassen. Zur Gestaltung des Balkongartens gehört dabei ästhetisches Empfinden, vor allem, wenn Pflanzen verschiedener Höhe gruppiert werden. Sie schaffen auf diesem Stück Wohnumgebung eine anheimelnd gestaltete Atmosphäre, die sich von Jahreszeit zu Jahreszeit im Rhythmus der Natur wandelt.

Die Blume in der Wohnung: Mehr Muße zum Erkennen der Eigenheiten von Blüten und Zweigen oder Zierfrüchten besteht, wenn man diese in die Wohnung holt. Ein interessant gewachsenes Exemplar sollte einzeln gestellt werden. So kann neben der Farbe auch die Wuchsform zur Geltung kommen. Bei einem Strauß sollte man sich bemühen, einen Wachstumsschwerpunkt zu geben, einen Punkt unterhalb des Vasenrandes, von dem anscheinend alle Stiele ausgehen. Der Strauß, nicht das Gefäß sollen den Gesamtcharakter des Arrangements bestimmen, das geschieht meist, wenn sich die Vasenhöhe im Verhältnis 3:5 den Pflanzenteilen unterordnet. Wählt man nicht den einfachen Rundstrauß, sondern gestaltet man ihn durch das Hoch- oder Tieferstellen der Blüten, hebt das den ästhetischen Wert beträchtlich. Große, schwer wirkende Blumen sollten in der Nähe des Schwerpunkts angeordnet werden. Kleinere Blüten, Knospen, Zweige oder Gräser kommen am besten zur Wirkung, wenn sie in die Höhe ragen oder nach den Seiten ausstrahlen. Weitere Gestaltungsmöglichkeiten sollten einem Buch über florales Gestalten entnommen werden.

Die lebende Pflanze im Heim: Für fast alle Menschen ist es selbstverständlich geworden, Topfpflanzen in ihre Wohnwelt aufzunehmen. Sie sind lebende Gestaltungsmittel geworden, deren Wachsen, Blühen und Gedeihen unser Leben bereichert. Wir schätzen sie, weil das Spiel der natürlichen Formen und Farben zur sonstigen strengen Linienführung im Zimmer einen wohltuenden Kontrast bildet.

Die Pflege dieser Pflanzen bedarf eines genauen Wissens über ihre Lebensbedürfnisse. Bereits bei der Auswahl sollte man sich genau informieren, welche Pflanzen in der trocken-warmen Luft der Räume bei eingeschränkten Lichtverhältnissen gedeihen. Man muß sich weiterhin Gedanken darüber machen, ob man einen Pflanzenstandort auf dem Fensterbrett, auf einem Pflanzenbord an der Wand, in einer Pflanzenbank, in einer geschlossenen Pflanzenvitrine, einem gesonderten Pflanzenfenster oder gar in einem Wintergarten wählen kann. Während sich bei den erstgenannten Beispielen die Pflanzen dem Wohnraumklima anzupassen haben, ist es in den letztgenannten Fällen möglich, die Pflanzenumwelt so zu gestalten, wie es die Gewächse in ihrer heimatlichen Umgebung gewöhnt sind. Die Pflanzenauswahl und die Gestaltungsmög-

Die Höhe der Pflanzen, Blütezeitpunkt und -farbe, Standortansprüche sowie die Verdrängungskraft gegenüber anderen Arten müssen bei der Planung von Pflanzungen berücksichtigt werden, wenn der Garten ein harmonisches Ganzes bilden soll

lichkeiten vervielfachen sich dadurch. Genaue Beobachtungen und ein Grundwissen über biologische Sachverhalte sind dafür die grundsätzlichen Voraussetzungen. Zum Beispiel muß man über die Ruhezeit der Pflanzen Bescheid wissen, man muß erkennen, wann erhöhte Luftfeuchtigkeit gegeben werden muß, wann Zusatzheizung, Schattierung oder auch Zusatzlicht benötigt werden. Erst auf diese Weise werden lebende Pflanzen zu unabdingbaren Begleitern einer harmonischen Wohnumwelt.

3 Der Aufbau der Pflanze

Einheit von Struktur und Funktion

Will man die Grundlagen des Pflanzenlebens erkunden, so muß man mit dem Mikroskop bis zu ihren kleinsten lebensfähigen Elementen vordringen. Die Zellen sollten aber nicht als »Bausteine« der Lebewesen bezeichnet werden; denn im Gegensatz zu den Steinen verlaufen in ihnen grundlegende Lebensprozesse.

Strukturen und Prozesse in Pflanzenzellen

Fast jede einzelne Zelle kann, wenn man sie in eine geeignete Nährlösung setzt, selbständig existieren. Das ist möglich, weil in ihr viele Untereinheiten bestehen, in denen unterschiedliche Stoffwechselreaktionen ablaufen.

Der Aufbau der Pflanzenzelle: Folgende Strukturen der grünen Pflanzenzelle sind besonders wichtig:

- Die Zellwand besteht vorwiegend aus Zellulose. Sie umschließt die Zelle und gibt ihr den festen Halt.
- Die Grundsubstanz der Zelle ist das Zellplasma. Es besteht aus Eiweiß und ist durch eine dünne Zellmembran gegenüber der Zellwand abgegrenzt. Im Zellplasma verlaufen viele enzymatisch gesteuerte Stoffwechselprozesse.
- Der Zellkern enthält die Nukleinsäuren. In ihnen sind die Erbanlagen gespeichert. Durch diese werden die Prozesse in der Zelle gesteuert.
- Mitochondrien liegen im Zellplasma aller Zellen. Es sind langgestreckte Körperchen, deren innere Oberfläche durch Leisten untergliedert ist. Die Mitochondrien enthalten viele unterschiedliche Enzyme, durch welche die Zellatmung katalysiert wird.

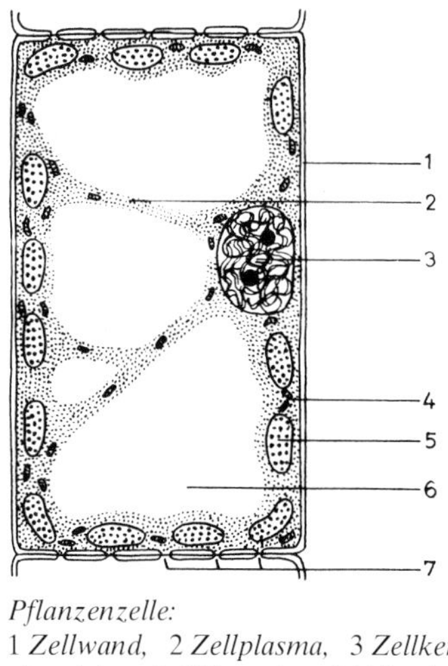

Pflanzenzelle:
1 *Zellwand,* 2 *Zellplasma,* 3 *Zellkern,* 4 *Mitochondrium,* 5 *Chloroplast,* 6 *Vakuole,* 7 *Tüpfel*

- Chloroplasten sind im Zellplasma grüner Pflanzenzellen enthalten. In ihnen ist das Chlorophyll in Membranpaketen angeordnet. In diesen und in der außerdem im Chloroplast vorhandenen chlorophyllfreien Substanz verlaufen die Aufnahme der Sonnenenergie und die Synthese energiereicher organischer Verbindungen.

Kernteilung der Körperzellen (Mitose)

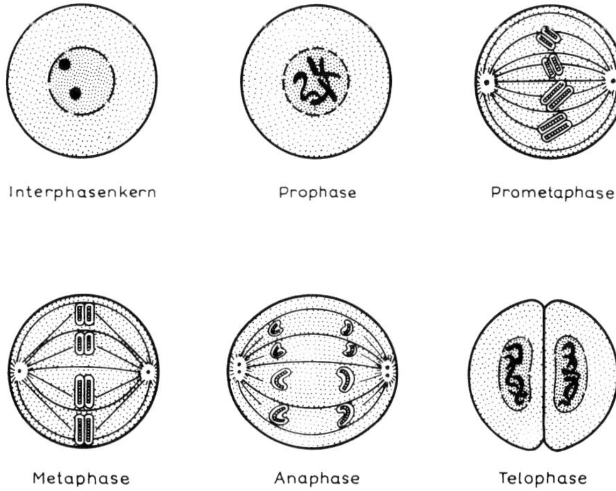

• Vom Zellplasma ausgewachsener Zellen werden eine oder mehrere Vakuolen eingeschlossen. Sie enthalten in einer wäßrigen Lösung verschiedene Stoffe (z.B. Zucker, organische Säuren, den roten oder blauen Pflanzenfarbstoff Anthozyan).

• In der Zellwand befinden sich als Tüpfel bezeichnete Poren, durch welche Plasmaverbindungen zu den benachbarten Zellen verlaufen und alle Zellen zu einer Einheit verbinden.

Wie in einem Laboratorium bestehen in den im Mittel etwa 50 µm (= 0,05 mm!) großen Zellen vielfältige stoffliche Beziehungen. Grundstoffe werden aufgenommen, mit Hilfe der Enzyme zu Halb- und Fertigfabrikaten auf- und umgebaut und zu Abbauprodukten und Stoffwechselschlacken zersetzt. Die Zahl der unterschiedlichen Enzymarten in einer Zelle liegt bei mehreren Tausend.

All diese Prozesse verlaufen gut geordnet und unter normalen Umständen im gequollenen Plasma stabil. Ungünstige Außenbedingungen können diese Stoffwechselprozesse aber hemmen oder zum Erliegen bringen. Erhält die Pflanze z.B. an heißen Sommertagen zu wenig Wasser, verändert sich das Zellplasma. Es wird entquollen. Dadurch wird die Wirksamkeit der Enzyme gestört, so daß die Stoffwechselprozesse langsamer verlaufen. Somit führt Trockenheit zu Störungen der Zellfunktionen und damit zu einem gehemmten Wachstum und eventuell zu einer gestörten Entwicklung der Pflanze. Eine gleichmäßige Wasserversorgung und damit ein ständig ausreichend gequollenes Zellplasma sind deshalb eine wesentliche Voraussetzung für hohe und qualitativ hochwertige Erträge im Garten.

Zellteilung: Für jeden Gärtner ist es selbstverständlich, daß die Pflanzen wachsen. Voraussetzung für das Entstehen neuer Gewebe ist die Zellteilung.

• Vorwiegend in den Zellen der Vegetationspunkte der Pflanze vermehrt sich das Zellplasma. Dadurch werden Voraussetzungen zur Zell-

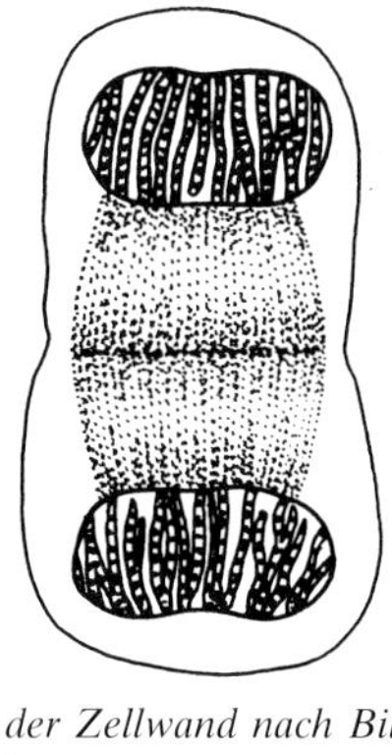

Entstehung der Zellwand nach Bildung der beiden Tochterkerne

teilung der Körperzellen (Mitose) geschaffen. Bei Beginn des Prozesses verdichten sich die Nukleinsäuren im Zellkern zu Chromosomen. Jede Körperzelle besitzt in der Regel zweimal eine artspezifische Anzahl von Chromosomen, sie enthält also zwei Chromosomensätze (diploide Zelle). Die Kernwand löst sich auf, und die Chromosomen formieren sich am Äquator der Zelle zu einer »Platte«. Zu diesem Zeitpunkt ist jedes Chromosom in zwei völlig gleiche Hälften gespalten, enthält also dementsprechend auch identische Stränge der Nukleinsäure. Im weiteren Verlauf werden die beiden Chromosomenteile voneinander getrennt. Jeweils die eine Hälfte wird zu einem, die andere Hälfte zum anderen Pol der Zelle befördert. Dabei wachsen die Chromosomenhälften wieder zu voll ausgebildeten Chromosomen heran. Auf jeder Seite der Zelle befindet sich demnach jetzt das ursprüngliche Muster von Chromosomen. Nun bildet sich zwischen den beiden neu entstehenden Kernen eine Zellwand. Auf diese Weise entstehen zwei Zellen, deren Erbanlagen völlig identisch sind. Wächst eine Pflanze in die Länge, so wiederholt sich dieser Vorgang vielmals. Als Ergebnis entstehen viele Körperzellen in der Pflanze, welche die gleichen Erbanlagen haben. Das eigentliche Längenwachstum wird dann dadurch sichtbar, daß sich die neu gebildeten Zellen strecken.

Der Vorgang der Mitose erklärt den Sachverhalt, daß bei vegetativer Vermehrung alle Nachkommen die gleichen Erbanlagen haben wie die Ursprungspflanze. Man kann also gewiß sein, daß bei Stecklings- oder Steckholzvermehrung immer wieder gleichartige Pflanzen entstehen, es sei denn, es treten in den Nukleinsäuren durch extrem wirkende Einflüsse (z. B. Strahlen) sprunghafte Veränderungen der Erbanlagen (Mutationen) auf.

• Mutationen der Körperzellen werden bei den Zellteilungen ebenfalls auf die Tochterzellen übertragen. Entnimmt man einen derartig mutierten Pflanzenteil als Steckling, so verändert sich die aus diesem entwickelte Pflanze ebenfalls. Auf diese Weise haben die Gärtner in vielen Jahrzehnten besonders schöne Zierpflanzen- und wohlschmeckende Obstsorten ausgelesen (selektiert), welche die Veränderung nur in den Körperzellen enthalten, also nur vegetativ über Stecklinge oder als Veredlungen vermehrt werden können.

• Auch bei der Bildung von Keimzellen spielen Zellteilungen eine wesentliche Rolle. Hier verläuft der Vorgang bei den entscheidenden Teilungsschritten allerdings anders. Die Chromosomen teilen sich nicht, sondern sich entsprechende Chromosomen werden unverändert willkürlich auf die sich bildenden Keimzellen verteilt, die damit einen einfachen Chromosomensatz besitzen (haploide Keimzellen). Diese Keimzellen enthalten somit meist unterschiedliche Erbanlagen, so daß bereits die durch Selbstbefruchtung erzielten Nachkommen nicht den Elternpflanzen gleichen. Demnach muß sich jeder Gärtner, der versucht, auf geschlechtlichem (generativem) Wege Pflanzen zu züchten, genau mit den Gesetzen der Vererbung beschäftigen.

Strukturen und Prozesse in Pflanzengeweben

Die Pflanzenzellen liegen nicht isoliert. Sie sind mit Plasmafäden untereinander verbunden. Zel-

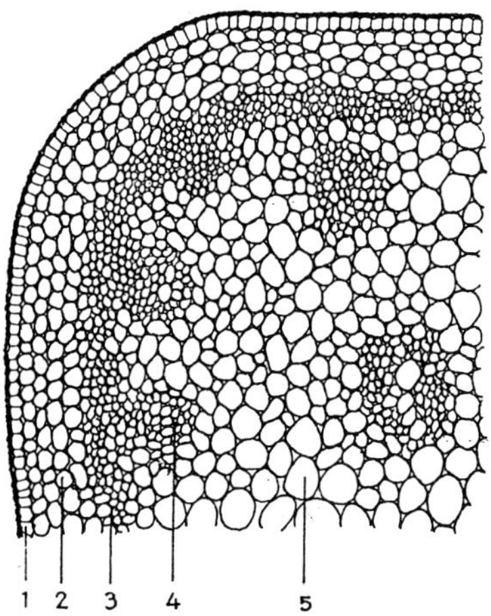

Dauergewebearten (Querschnitt durch den Stengel einer Lilie):
1 *Oberhaut,* 2 *Assimilationsgewebe,* 3 *Festigungsgewebe,* 4 *Leitgewebe,* 5 *Speichergewebe*

len mit gleicher Funktion bilden Verbände mit einheitlicher Struktur, die Gewebe.

Bildungsgewebe: An der Spitze der Pflanze, in den Seitenknospen und in bestimmten Zonen der Wurzel und des Sprosses, dem Kambium, sind die Zellen klein und teilungsfähig. Solche Gewebe werden als Bildungsgewebe (Meristeme) bezeichnet. Sie sind Ausgangspunkt des Längen- und des Dickenwachstums.

Dauergewebe: Je größer der Abstand der Zellen von der Spitze der Pflanze wird, desto geringer wird ihre Teilungsfähigkeit. Sie bilden dann die Dauergewebe. Verschiedene Formen der Dauergewebe sind mikroskopisch beim Querschnitt durch eine Sproßachse zu erkennen.

- Äußere Häute begrenzen die Organe der Pflanze. Die Oberhaut oder Epidermis schützt die Pflanzenteile vor zu hoher Wasserabgabe. Sie ist oft mit Haaren oder Wachsauflagen bedeckt. Junge Wurzelteile sind von der Wurzelhaut oder Rhizodermis überzogen. Diese ist wasserdurchlässig und ermöglicht dadurch die Wasseraufnahme. Bei älteren Pflanzenteilen wird die Epidermis durch Korkschichten ersetzt. Kartoffeln sind reif, wenn sich eine feste Korkschale entwickelt hat.
- Im Sproß und in den Blättern liegt dicht unter der lichtdurchlässigen Epidermis das grüne Assimilationsgewebe. Hier sind die Chloroplasten konzentriert und es erfolgt die Photosynthese.
- Das Speichergewebe, das farblos erscheint, befindet sich in Samen und Knollen und im Mark von Wurzel und Sproßachse. Es speichert Stärke, Fette oder Eiweiße.
- Gewebe, zwischen dessen Zellen sich viele luftgefüllte Hohlräume befinden, wird als Durchlüftungsgewebe bezeichnet. In ihm werden gasförmige Stoffe, z. B. CO_2, zu den Zellen geleitet.
- Zusammenhängende Röhrensysteme bilden das Leitgewebe. In dessen Holzteil befinden sich lange Gefäße für den Wassertransport, im Bastteil gestreckte Siebröhren für den Transport organischer Stoffe. Gefäße und Siebröhren sind zu Leitbündeln zusammengefaßt, die im Stiel der Rhabarberblätter sehr gut zu erkennen sind.
- Das Festigungsgewebe besteht aus Zellen mit besonderen Wandverstärkungen. Sie sind z. B. im Bast zu langestreckten Bastfasern vereint. Mehrere Bastfasern bilden zähe Faserbündel, die z. B. beim Abreißen von Brennesseln aus der Abrißstelle herausragen.
- Neben diesen in allen Pflanzenteilen vorkommenden Gewebearten gibt es spezifische Gewebe, die nur in einigen Pflanzenteilen vorhanden sind. Hierzu gehört z. B. das Ausscheidungsgewebe, das in der Lage ist, aktiv Stoffe abzugeben. Von besonderer Bedeutung sind dabei die Nektarien, die bevorzugt in der Blütenregion liegen und den zuckerreichen Nektar ausscheiden.

In der Wurzel, in der beblätterten Sproßachse, in Blüte und Frucht sind die einzelnen Gewebe eng miteinander verbunden. Dadurch sind diese Organe in der Lage, die für sie charakteristischen Funktionen zu erfüllen.

4 Samen und Samenkeimung

Saatgutgewinnung, -lagerung und Aussaat

Das Leben der Pflanze beginnt mit der Befruchtung. Nach dieser bildet sich in der Frucht der Samen. Durch diesen erfolgt die geschlechtliche (generative) Vermehrung der Pflanze.

Bau des Samens

Der Samen enthält bereits eine vollständig vorgebildete, lebende, aber noch ruhende Pflanze. Er besteht aus Samenschale, meist einem Nährgewebe und dem Keimling (Embryo).
Im Nährgewebe befinden sich die für das Keimen notwendigen Reservestoffe. Es werden entweder vorwiegend Stärke (Getreide), Fette (Öl»früchte«) oder Eiweiße (Hülsen»früchte«) gespeichert. In den meisten Fällen steckt der Embryo im Nährgewebe, in einigen Fällen werden die Reservestoffe in den Keimblättern des Embryos gespeichert (Erbse), dann läßt sich der Samen nach Entfernen der Schale in zwei Hälften teilen.
Am Embryo lassen sich meist deutlich die Keimwurzel, ein kurzer Sproßabschnitt unter den Keimblättern (Hypokotyl), die Keimblätter, ein kurzer Abschnitt über den Keimblättern (Epikotyl) und eine Keimsproßknospe unterscheiden. Nadelgehölze haben viele, zweikeimblättrige Pflanzen (Beispiel: Salat) zwei Keimblätter, einkeimblättrige Pflanzen (Beispiel: Küchenzwiebel) nur ein Keimblatt.

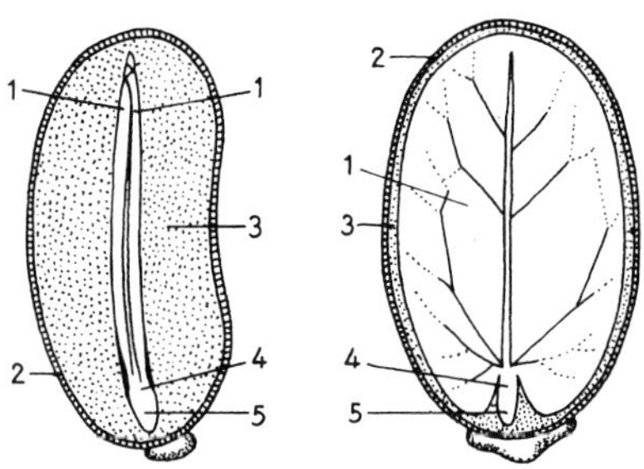

Bau des Samens:
1 *Keimblätter,* 2 *Samenschale,* 3 *Nährgewebe,* 4 *Hypokotyl, Epikotyl und Keimsproßknospe,* 5 *Keimwurzel*

Der ruhende Samen

Mit der Samenreife gehen die Samen der meisten Kulturpflanzen unter Wasserabgabe in eine Ruhepause über.

Samenruhe: Zur Zeit der Ernte befindet sich der Samen im Zustand der Samen- oder Keimruhe. Er ist damit widerstandsfähig gegen ungünstige Außenbedingungen wie Kälte, Hitze oder chemische Einflüsse und keimt auch im feuchten Milieu nicht aus. Nach der Beendigung der tiefen Samenruhe hat er die volle Keimfähigkeit. Fehlen aber geeignete Wachstumsbedingungen, z. B. Feuchtigkeit, so schließt sich an das Ruhestadium die erzwungene Ruhe an. In diesem Zustand ist er meist längere Zeit keimfähig.

Saatguternte im Garten: Um Samen oder Fruchtteile zu ernten, die als Saatgut Verwendung finden sollen, muß der Hobbygärtner sorgfältig arbeiten. Vor allem muß er darauf achten, daß der Trocknungsprozeß sachgerecht erfolgt.

• Bei Pflanzen, die trockene Früchte ausbilden, wie Kapseln, Hülsen und Schoten, werden diese möglichst lange an der Pflanze belassen, da der Transport von organischen Stoffen in das Samenkorn bis zur vollen Reife anhält. In vielen Fällen muß jedoch geerntet werden, kurz bevor die Kapseln aufspringen, damit die Samen nicht ausgestreut werden (Beispiel: Stiefmütterchen). Bei nassen Witterungslagen und empfindlichen Früchten oder Fruchtständen (Beispiel: Mignondahlien) sollten während des Reifeprozesses kleine Plastiktüten übergestülpt werden.

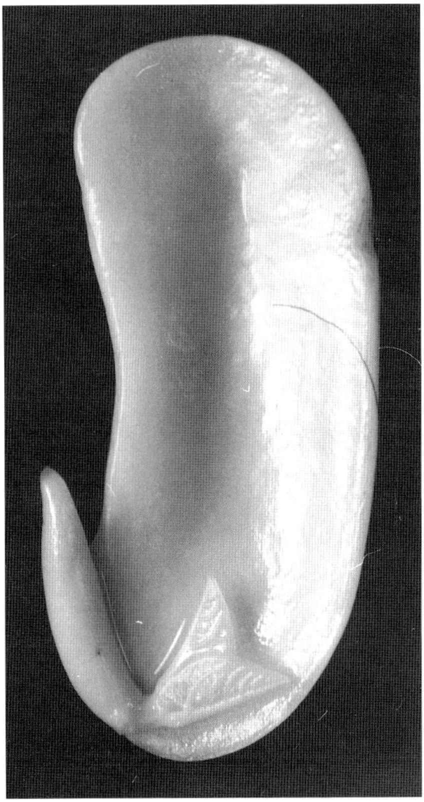

Pflanzenembryo im Samen einer Buschbohne

Nach der Ernte läßt man die Früchte an einem trockenen Platz möglichst in einem Sieb nachreifen. Sie öffnen sich dann und entlassen die Samen. Verunreinigungen, Fruchtschalen o.ä. müssen ausgesiebt, ausgelesen oder ausgeblasen werden.

• Bei fleischigen Früchten (Beispiel: Tomate) zerdrückt man die Frucht in einem Gefäß und gießt Wasser darüber. Anschließend wird in einem Sieb unter fließendem Wasser gereinigt. Die Nachreifevorgänge sind durch eine Trocknung bei Temperaturen unter 35°C und durch trockenes Aufbewahren des Erntegutes zu fördern.

Bei der Gewinnung von Saatgut muß beachtet werden, daß F_1-Hybriden von Gemüse- oder Zierpflanzen in der zweiten Generation keine einheitlichen Nachkommen bringen und daß Gehölzsämereien oft recht differenziert behandelt werden müssen. Eine generative Vermehrung durch den Hobbygärtner sollte deshalb unterbleiben.

Saatgutlagerung: Während der Lagerzeit der Samen atmet der Embryo und verbraucht dabei Reservestoffe. Dadurch nimmt die volle Lebenskraft (d.h. die Keimfähigkeit) des Samens ständig ab.

• Den größten Einfluß auf die Lagerfähigkeit übt der Wassergehalt des Samens aus. Durch ihn werden die Atmungsenzyme angeregt, die Kohlenhydrate abzubauen. Um die Keimfähigkeit zu verlängern, bedarf es demnach vor allem Maßnahmen zur Trocknung und Trockenhaltung des Saatguts.

• Die Atmung wird auch durch die Höhe der Lagertemperatur beeinflußt. Der Bereich zwischen −5°C und +5°C ist am günstigsten für die Erhaltung der Keimfähigkeit. Gut getrocknetes Saatgut kann auch bei −20°C eingefroren werden, muß dann allerdings vor der Aussaat langsam aufgetaut werden.

Saatgutüberschüsse, die beim Hobbygärtner anfallen, sollten demnach in einem kühlen und trockenen Raum aufbewahrt werden.

Ruhende Beikrautsamen im Boden: Beikräuter, früher als Unkräuter bezeichnet, sind arge Nährstoff- und Lichtkonkurrenten für die Kulturpflanzen. Viele Beikrautsamen können aufgrund ihrer besonders ausgebildeten Samenschale im ungepflegten, schlecht durchlüfteten Gartenboden jahrelang überdauern. Gelangen sie bei der Bodenbearbeitung wieder an die Oberfläche, so keimen sie aus. Die wichtigsten Gegenspieler der Beikräuter sind die Mikroorganismen des Bodens. Alle Maßnahmen, welche das Bodenleben fördern, tragen deshalb zur Beikrautbekämpfung bei. In einem mit Humus versorgten, gut durchlüfteten Boden und im gepflegten, mehrmals umgesetzten Kompost nimmt deshalb die Anzahl der keimfähigen Beikrautsamen relativ schnell ab. Eine geschlossene Pflanzendecke trägt außerdem dazu bei, daß die keimenden Samen aus Lichtmangel zugrundegehen.

Der keimende Samen

Wenn sich der Samen im Stadium der erzwungenen Ruhe befindet, kann die Keimung beim Vorliegen entsprechender Außenfaktoren jederzeit beginnen.

Die Samenkeimung: Bei der Keimung vollziehen sich biochemische Prozesse. Diese finden im gequollenen Plasma statt.

Auflaufende Buschbohnen

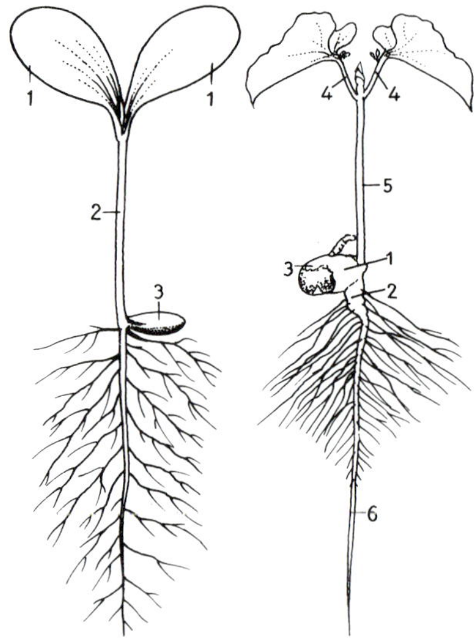

Formen des Auflaufens der Pflanzen
links: *Hypokotyl gestreckt;* rechts: *Epikotyl gestreckt:* 1 *Keimblätter,* 2 *Hypokotyl,* 3 *Samen,* 4 *erste Laubblätter,* 5 *Epikotyl,* 6 *Wurzel*

- Die Keimung beginnt demnach mit der Wasseraufnahme des Samens. Diese führt zur Quellung. Da die chemische Zusammensetzung des Samens bei den einzelnen Pflanzenarten nicht einheitlich ist, unterscheidet sich die Wasseraufnahme. Bei Mais beträgt sie 44 %, bei Erbse und Bohne über 100% der Trockenmasse. Da das Wasser mit großer Kraft angezogen wird, entsteht im Samen ein Quellungsdruck. Durch diesen kann die feste Samen- bzw. Fruchtschale gesprengt werden.
- Durch die Quellung werden die Enzyme aktiviert, welche die Makromoleküle der organischen Reservestoffe im Nährgewebe spalten: Stärke wird in Malzzucker, Fette werden zu Fettsäuren und Glyzerin, Eiweiße zu Aminosäuren abgebaut. Diese transportfähigen Spaltprodukte werden von den Keimblättern des Embryos aufgenommen und zunachst vorwie-

Durch das Vorkultivieren in Töpfen und Schalen haben die Pflanzen einen Wachstumsvorsprung, wenn sie ins Freiland kommen ▶

gend zur Keimwurzel transportiert. In dieser beginnen die Zellteilungen.
• Durch weitere Wasseraufnahme strecken sich die neu gebildeten Zellen, die Keimwurzel durchbricht die Samenschale, kann sich dadurch im Boden verankern, den Samen in die richtige Lage ziehen und Wasser und Nährstoffe aus dem Substrat aufnehmen. Dadurch beginnt der Keimsproß des Embryos zu wachsen. Streckt sich der Keimsproß über den Keimblättern (Epikotyl), so erscheinen die ersten Laubblätter über dem Boden (Beispiel: Feuerbohne), streckt sich dieser aber unter den Keimblättern (Hypokotyl), so werden diese über den Boden erhoben (Beispiel: Buschbohne, Kürbis).

Allgemeine Keimbedingungen: Die Keimung erfolgt erst dann, wenn bestimmte äußere Bedingungen – die Keimbedingungen – gegeben sind.

Der Aussaattermin hat entscheidenden Einfluß auf den Ernteerfolg

• Im lufttrockenen Samen ist die Aktivität der Enzyme stark herabgesetzt. Durch die Wasseraufnahme werden die Enzyme aktiviert. Um eine Keimung zu ermöglichen, muß also kontinuierlich ausreichend Wasser vorhanden sein.
• Für die Keimung ist außerdem Energie notwendig. Diese wird bei der Veratmung der gespaltenen Reservestoffe frei. Dazu muß Sauerstoff aus der Bodenluft aufgenommen werden. Das setzt eine gute Durchlüftung des Saatbettes voraus.
• Die Wirkung der Enzyme ist außerdem von der Temperatur abhängig. Die Pflanzenarten benötigen jeweils ein spezifisches Minimum, ein Optimum und ein Maximum der Keimtemperaturen. Das Optimum ist dadurch gekennzeichnet, daß hier die Keimung am schnellsten vor sich geht. Bei Pflanzen aus kälteren Klimazonen liegt es niedrig, bei solchen aus wärmeren Gebieten höher. Je nach dem Temperaturminimum kann die Aussaat im zeitigen Frühjahr ins Freiland (Beispiel: Möhre) oder muß eine Vorkultur unter Glas erfolgen (Beispiel: Tomate). In vielen Fällen genügt bereits ein selbstgebautes Minigewächshaus auf dem Fensterbrett, um die notwendigen Keimtemperaturen für die Anzucht von Jungpflanzen zu erzielen.

Besondere Keimbedingungen einiger Pflanzenarten: Den Verhältnissen in ihren Heimatgebieten entsprechend, benötigen einige Pflanzenarten zusätzlich zu den allgemeinen noch spezielle Keimbedingungen.
• Ruhende Samen sind lichtunempfindlich. In gequollenem Zustand reagieren sie aber teilweise auf das Licht. Pflanzen mit feinen Samen gehören häufig zu den Lichtkeimern. Bei ihnen sollte das Saatgut auf eine geglättete Aussaatfläche gestreut und leicht angedrückt, mit Sand fein übersiebt, aber nicht mit Erde bedeckt werden (Beispiel: Viele Kakteenarten). Die Saatgefäße werden bis zur Keimung mit Glasscheiben abgedeckt, damit eine gleichmäßige Feuchtigkeit erhalten bleibt. Bei Sonnenschein sollte schattiert werden.
Einige Pflanzen mit größerem Saatgut gehören hingegen zu den Dunkelkeimern (Beispiel: Alpenveilchen). Sie müssen unbedingt mit ausreichend Erde bedeckt sein. In den meisten Fällen allerdings wird das Saatgut mit Erde abgedeckt,

Saat- und Anzuchtschalen für das Fensterbrett lassen sich temperieren; die Temperatureinstellung sollte nicht nur von der Pflanzenart, sondern auch von den Lichtverhältnissen abhängig gemacht werden

um das Keimmilieu zu verbessern, z. B. um das Austrocknen des Samens zu verhindern.

• Viele Pflanzen sind in winterkalten Gebieten so an ihren Standort angepaßt, daß sie erst nach einer Kälteperiode keimen. Ihre Samen bedürfen zur Keimung einer Lagerung in feuchtem Substrat bei niedrigen Temperaturen. Diese Kühllagerung wird als Stratifikation bezeichnet. Sie ist bei Samen einiger Stauden oder zahlreicher Zier- und Obstgehölze sowie bei vielen Forstpflanzen notwendig. Die für die Stratifikation günstigen Temperaturen liegen meist im Bereich zwischen + 1°C und + 10°C, sind aber bei den einzelnen Pflanzenarten sehr unterschiedlich.

• Samen von Stauden benötigen nicht selten zunächst niedrige Temperaturen, um dann durch den Wechsel zu höheren Temperaturen zu keimen. Die Stimulierung der Keimung wird in der Regel bei Temperaturen zwischen 0°C und 5°C erreicht. Meist reichen 6 bis 8 Wochen für eine Behandlung derartiger Kaltkeimer (Beispiel: Enzian-Arten).

Keimprobe, Vorkeimen: Bei der Keimprobe und beim Vorkeimen müssen die Außenfaktoren berücksichtigt werden, welche für die Keimung Bedingung sind, also ausreichend Feuchtigkeit, Wärme und Sauerstoff.

• Liegt beim Hobbygärtner überlagertes Saatgut, ist es notwendig, eine Keimprobe durchzuführen. Es werden dazu in eine Schale mit ständig feuchtem Filterpapier 100 Samen im Viereck ausgelegt. Die Keimprobe wird mit einer Glasplatte abgedeckt, die leicht angehoben sein sollte, um Luftsauerstoff eintreten zu lassen. Bei Zimmertemperaturen erfolgt die Keimung meist am besten. Im Normalfall sollten etwa 80 % des Saatgutes keimen. Wird dieser Wert stark unterschritten, so muß dichter als gewöhnlich ausgesät, im Extremfall das Saatgut verworfen werden.

Tabelle 1: Angaben zur Keimung wichtiger Gemüsearten

Gemüseart	Keimzeit in Tagen	Keimtemperatur im Boden in °C		
		Minimum	Optimum	Maximum
Blumenkohl	4 bis 8	8	20	25
Buschbohne	6 bis 10	10	15 bis 20	25
Chinakohl	4 bis 6	15	20	30
Erbse (Schalerbse)	8 bis 10	2	15	24
Feldsalat	8 bis 14	5	15	25
Gurke	5 bis 8	12	25	30
Kohlrabi	3 bis 6	10	25	30
Kopfkohl	4 bis 6	8	20	25
Kopfsalat	7 bis8	6	15	22
Mangold	12 bis 15	10	20	30
Möhre	15 bis 20	8	18	25
Porree	15 bis 30	8	20	22
Radies	5 bis 6	10	20	30
Rettich	5 bis 8	10	20	30
Rosenkohl	5 bis 6	8	20	25
Sellerie	15 bis 25	10	18	20
Tomate	6 bis 8	15	25	30
Zwiebel	15 bis 30	10	18	25

Tabelle 2: Bestandsdichte wichtiger Gemüsearten

Gemüseart	Bestandsdichte Pflanze/10 m^2	Reihenabstand in cm	Abstand in der Reihe in cm
Blumenkohl	40 bis 50	50	40 bis 50
Buschbohne	400	25 bis 35	4 bis 8
Chinakohl	60	40	40
Erbse	800	25 bis 30	3 bis 4
Feldsalat	4500	10 bis 15	1 bis 3
Gurke	150	50 bis 70	10 bis 15
Kohlrabi	130 bis 270	25 bis 30	15 bis 25
Kopfkohl	50	50	40
Kopfsalat	160 bis 200	20 bis 25	20
Mangold	600	30 bis 40	3 bis 5
Möhre	700 bis 1000	15 bis 30	3
Porree	330 bis 1000	20	5 bis 15
Radies	5000	6 bis 12	2
Rettich	250 bis 1000	15 bis 40	5 bis 10
Rosenkohl	40	50	50
Sellerie	90	40	30
Tomate	28	70	50
Zwiebel	3000	15 bis 20	3

Tabelle 3: Aussaattiefe von Gemüsearten

Gemüseart	Aussattiefe in cm
Sellerie, Tomate	1 bis 2
Radies, Schnittpetersilie	1,5 bis 2
Blumenkohl, Chinakohl, Endiviensalat, Feldsalat, Grünkohl, Gurke, Kohlrabi, Kopfkohl, Kopfsalat, Möhre, Porree, Rettich, Rosenkohl, Schwarzwurzel, Spinat, Zwiebel	2 bis 3
Buschbohne, Gemüseerbse, Kürbis	3 bis 5
Puffbohne	4 bis 6
Stangenbohne	5 bis 6

• Um die Auflaufzeit zu verkürzen, können verschiedene Samenarten vorgekeimt werden (z. B. Möhren, Sellerie, Porree, Gurken, Tomaten). Es muß dabei beachtet werden, daß die Sämereien stets feucht sind, aber nicht naß liegen. Wird ausgesät, bevor die Keimwurzel die Samenschale durchbrochen hat, ergeben sich bei der Aussaat keine Probleme, ist die Keimwurzel bereits erschienen, kann die Saat mit Hilfe einer gelartigen Trägersubstanz ins Substrat »gegossen« werden.

Beziehungen zwischen Substrat und Keimung: Das Substrat des Aussaatbeetes muß feucht, darf aber nicht naß sein. Es muß krümelig sein, um eine ausreichende Sauerstoffversorgung des keimenden Samens zu ermöglichen. Außerdem erwärmt sich der durchlüftete Boden im Frühjahr besser, so daß die notwendigen Keimtemperaturen früher erreicht werden. Nach der Aussaat ist besonders bei leichten Böden darauf zu achten, daß diese leicht angedrückt werden. Dadurch verkleinern sich die Hohlräume und das Saatgut bekommt einen besseren Bodenschluß, so daß das Bodenwasser unmittelbar zum Samen vordringen kann.
Auch bei Aussaat in Saatkisten oder Saatschalen muß darauf geachtet werden, daß im Aussaatsubstrat eine gute Luftführung vorhanden ist. Im allgemeinen wird das durch Zusatz von Sand zu den gärtnerischen Erden erreicht. In einigen Fällen werden auch synthetische Bodenverbesserungsmittel genutzt, mit denen die Luftführung noch günstiger gestaltet werden kann. Nach der Aussaat wird leicht mit einem Brettchen angedrückt und mit feinem Strahl überbraust. Schließlich sollten die Aussaatkisten einen warmen Standort erhalten, da gerade die Sämerein mit Vorkultur einen besonders hohen Wärmebedarf haben.

Aussaat: Bei der Aussaat werden verschiedene Methoden angewendet.
• Bei Breitsaat ist die Standortausnutzung durch die Jungpflanzen am besten. Sie wird vorwiegend in Aussaatkisten durchgeführt, wenn z. B. Gemüsesämlinge bald nach dem Auflaufen in Töpfe oder ins Freiland pikiert werden. Hierfür sollte möglichst gedämpfte Erde verwendet werden, da eine Bodenbearbeitung und mechanische Beikrautbekämpfung nach der Aussaat nur sehr schwer möglich ist.
• Reihensaat erleichtert die Pflege der auflaufenden Kulturen. Sie wird deshalb bei Freilandaussaaten von Gemüse und Sommerblumen bevorzugt. Bei Samen, deren Keimung bei niedrigen Temperaturen relativ langsam erfolgt (Beispiel: Möhre, Petersilie, Küchenzwiebel) werden gelegentlich Radies oder Salatarten als Markiersaat beigemischt. Auf diese Weise wird frühzeitig der Verlauf der Reihen angezeigt, so daß mit den Pflegearbeiten begonnen werden kann, noch ehe die betreffende Gemüseart keimt. Nach dem Auflaufen sind die Pflanzen in

der Reihe zu vereinzeln, damit sie genügend Standraum zur optimalen Entwicklung haben.

• Bei der Einzelkornaussaat werden die Samen bereits während der Aussaat innerhalb der Reihen auf gleichmäßigen Abstand gebracht (Beispiel: Kopfsalat, Kohlrabi). Die Pflanzen brauchen also nicht vereinzelt zu werden. Um feinkörniges oder rauhes Saatgut im richtigen Abstand aussäen zu können, werden derartige Samen häufig pilliert, also mit einer Hüllmasse umgeben, durch die das Einzelkorn einheitlich vergrößert wird und eine Kugelform annimmt. Außerdem lassen sich in die Hüllmasse Pflanzenschutzmittel einschließen, welche das Saatgut beim Auflaufen vor dem Befall durch Krankheiten schützen. In einigen Fällen erhält die Hülle auch Pflanzennährstoffe, die dadurch beim Keimprozeß sofort aufgenommen werden. Bei Zutritt von Wasser zerfällt die Hülle und der Samen kann keimen. Ist nicht genügend Feuchtigkeit vorhanden, kann die Pillierung allerdings auch den Keimvorgang verzögern. Saatplatten und Saatrollen enthalten Samen, die bereits im richtigen Abstand in saugfähiges Material eingebettet sind.

• Bei Böden, die zur Verschlämmung neigen, werden die Samen zuweilen in regelmäßigen Abständen in Horsten ausgelegt. Durch diese Horst- oder Dibbelsaat liegen die Samen so dicht beieinander, daß sie gemeinsam die darüber befindliche Erdschicht durchstoßen (Beispiel: Buschbohne).

5 Vegetative Vermehrungskörper

Lagern und Treiben von Zwiebeln und Knollen, Vermehrung durch krautige und verholzte Pflanzenteile

Neben der geschlechtlichen (generativen) Vermehrung ist bei den Pflanzen auch die ungeschlechtliche (vegetative) Vermehrung weit verbreitet. Viele Pflanzen bilden spezielle Vermehrungskörper aus. Da sie aus den Körperzellen der Mutterpflanzen hervorgegangen sind, entwickeln sich aus ihnen erbgleiche Tochterpflanzen.

Bau unterirdischer vegetativer Vermehrungskörper

Bei vielen ausdauernden (perennierenden) krautartigen Pflanzen sterben die oberirdischen Abschnitte am Ende jeder Vegetationsperiode ab. Die Pflanzen überdauern im Boden und treiben zu Beginn der Vegetationsperiode aus Erneuerungsknospen wieder aus. Die zum Austrieb notwendigen Reservestoffe werden in vielen Fällen in verdickten, ausdauernden Teilen gespeichert.

Das Rhizom: Eine unterirdische Sproßachse, die meist horizontal im Substrat liegt, wird als Rhizom bezeichnet. Wie jeder Sproß besitzt es mit Knospen versehene Knoten. An der Unterseite entwickeln sich sproßbürtige Wurzeln. In jeder Vegetationsperiode entwickelt sich die Spitzenknospe zum oberirdischen Sproß, während sich das Rhizom aus einer Seitenknospe weiter verlängert. Nutzpflanzen mit Rhizomen sind Spargel und Maiglöckchen, typische Rhizombeikräuter (Rhizomunkräuter) Winde und Quecke. Rhizombeikräuter widerstehen einer mechanischen Bekämpfung sehr hartnäckig, da sie nach dem Abtrennen der oberirdischen Teile aus dem Nährstoffvorrat der Speicherorgane wieder neue Sprosse ernähren können. Im Garten sollte man die Rhizome in ihrer ganzen Länge ausgraben, da sich aus jedem im Boden verbliebenen Stück aus Erneuerungsknospen eine neue Pflanze entwickeln kann. Rhizome dürfen nicht auf den Kompost gelangen, da sie hier ideale Möglichkeiten für ein weiteres Wachstum erhalten.

Die Zwiebel: Die Zwiebel besteht aus einem verkürzten Sproß, bei dem die Speicherung der Reservestoffe in die verdickten Blätter oder Blattabschnitte übergegangen ist. Bei den Schuppenzwiebeln (Beispiel: Lilie) liegen die Blätter dachziegelartig übereinander, bei den Schalenzwiebeln (Beispiel: Küchenzwiebel) bildet der Blattgrund eine röhrenförmig geschlossene Scheide. Aus Achselknospen an der Blattbasis gehen die Tochterzwiebeln hervor. In einigen Fällen (Beispiel: Laucharten) bilden sich an den Blütenständen oder in den Achseln von Laubblättern (Beispiel: Feuerlilie) Brutzwiebeln, welche zur Vermehrung aufgeschult werden können.

Die Knolle: Die Knolle ist ein verdickter Vegetationskörper von meist rundlicher Gestalt.

- Bei der Sproßknolle ist der Sproß verdickt. Sie entwickelt sich oft an Ausläufern (Beispiel: Kartoffel). Neben der am Kronenende sitzenden

Endknospe ist eine große Anzahl von Seitenknospen (Augen) vorhanden, die nach dem Zerschneiden alle zum Austrieb gebracht werden können. In einigen Fällen entstehen kleine Tochterknollen direkt an der Mutterknolle (Beispiel: Gladiole). Sie können zur Vermehrung genutzt werden.

- Die Hypokotylknolle entsteht an der Sproßachse unterhalb des ehemaligen Sitzes der Keimblätter, dem Hypokotyl. Sie überdauert oft mehrere Vegetationsperioden. Wenn man z.B. Alpenveilchentöpfe an einer schattigen Stelle im Mai im Garten in den Boden einfüttert, kann man sie im Herbst aus dem Boden nehmen und im Zimmer weiterkultivieren.
- Die Wurzelknolle geht aus der Umbildung einer sproßbürtigen Wurzel hervor. Sie besitzt oft keulenförmige Gestalt (Beispiel: Dahlie) und hat Erneuerungsknospen nur am Wurzelhals. Beim Verpflanzen ist deshalb darauf zu achten, daß dieser nicht beschädigt wird.

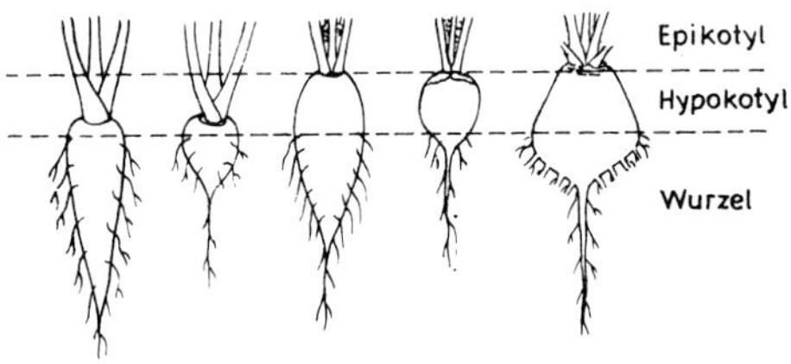

Rübenförmige Speicherorgane:
v. l. n. r.: *Möhre, Karotte, Rettich, Radies, Sellerie*

Die Rübe: Bei der Rübe verdicken sich Wurzel und Sproß. Dort, wo die Seitenwurzeln hervorbrechen, befindet sich der Wurzelabschnitt, das Hypokotyl ist wurzel- und blattlos. Am Epikotyl befinden sich Blätter bzw. Blattnarben. Viele Rüben dienen nur kurzfristig der Speicherung. Bei der Ausbildung von Blüten oder Blütenständen werden die Reservestoffe mobilisiert, die Rübe verholzt und wird strohig und ungenießbar (Beispiel: Rettich).

Ruhende unterirdische Vermehrungskörper

Die Reife der vegetativen Vermehrungskörper wird in vielen Fällen durch das Vergilben der Blätter angezeigt. Dieses weist daraufhin, daß im Laub die restlichen organischen Stoffe abgebaut und in die Vermehrungskörper abtransportiert werden.

Ernte und Keimruhe: Die vegetativen Vermehrungskörper einziehender Pflanzen werden dann geerntet, wenn der Abtransport der Nährstoffe und die Veränderungen in der Schale so weit fortgeschritten sind, daß die Wasserabgabe der Knollen oder Zwiebeln eingeschränkt und der Schutz gegen Infektionen gewährleistet ist. Wird das Kraut aber eher abgetötet oder abgeschnitten, führt das zu einer früheren Ausreife der vegetativen Vermehrungskörper. Auf diese Weise lassen sich z.B. an der Viruserkrankung Buntstreifigkeit erkrankte Tulpen aus einem Bestand aussortieren. Man zieht das Laub zu Beginn der Blüte, dadurch setzt der Reifeprozeß der erkrankten Tulpenzwiebel eher ein. Sie läßt sich dann zur Zeit der Zwiebelernte an ihrer dunkelbraunen, festen Schale erkennen und aus dem Erntegut aussortieren.
Von der Regel, die vegetativen Vermehrungskörper einziehender Pflanzen nach dem Absterben des Laubes zu ernten, gibt es Ausnahmen. Gladiolen müssen bereits gerodet und vom Laub befreit werden, wenn dieses noch grün ist, da sonst aufgrund des Absterbens des Laubes und des Abtransports der organischen Stoffe die Schädlinge abwandern und zwischen den Schalen der Knollen ihren Unterschlupf finden.
Bei Pflanzen, bei denen die botanische Reife, also die Zeit der Samenbildung und Fruchtreife erst im zweiten Vegetationsjahr eintritt, stirbt das Laub nicht im ersten Jahr ab (Beispiel: Kohlrübe). Genau genommen, dienen die Speicherorgane in diesem Fall nur der Überdauerung. Sie werden geerntet, wenn diese das gewünschte Gewicht erreicht haben.
Ähnlich wie bei den Samen tritt mit zunehmender Reife eine Keimruhe der vegetativen Vermehrungskörper ein, in welcher sie nicht auskeimen. Diese tiefe Ruhe kann sich über mehrere Wochen erstrecken. Zum Beispiel treiben Tul-

Speisezwiebeln bevorzugen schwerere, humuse Böden. Ausreichende Niederschläge im Juni/Juli und warme, trockene Witterung im Spätsommer begünstigen gute Ernteerträge ▶

pen erst, wenn die Ausbildung der Blütenknospen in den Zwiebeln ein bestimmtes Stadium erreicht hat. Während der tiefen Ruhe können Maßnahmen zur Abtrocknung und Wundheilung durch Lüftung und Temperaturerhöhung durchgeführt werden.

Lagerung: Nach Beendigung der tiefen Ruhe tritt der vegetative Vermehrungskörper in das Stadium der erzwungenen Ruhe ein. Da er ausreichend Wasser enthält, keimt er, wenn die Temperatur erhöht wird. Zu dieser Zeit muß die notwendige Lagertemperatur konsequent eingehalten werden. Bei der Kartoffel ist die Atmung z. B. zwischen 3 und 4 °C ausgesprochen gering. Dadurch werden wenig organische Stoffe abgebaut, die Knolle keimt wintersüber nicht aus, und es wird wenig Atmungswärme frei. Bei zu großer Trockenheit auf Lager wird zu viel Wasser über die Schale abgegeben, die Pflanzenteile werden vorzeitig schlaff. Deshalb sollten während der Lagerung bei Kartoffeln 85 % bis 90 % relative Luftfeuchtigkeit herrschen.
Da die Massenverluste wesentlich durch die Lagertemperatur sowie durch das temperaturabhängige Wasserdefizit der Luft beeinflußt werden, kommt der Regelung der Luftzufuhr bei der Lagerung eine große Bedeutung zu. Die Lüftung hat vor allem den Zweck, die sich ständig entwickelnde Atmungswärme abzuführen und die Luftfeuchtigkeit und den CO_2-Gehalt der Luft auf den für die Lagerung geeigneten Werten zu halten.

Austrieb vegetativer Vermehrungskörper

Trotz aller genannten Maßnahmen sind vegetative Vermehrungskörper nicht unbegrenzt lagerfähig. Zu Beginn der neuen Vegetationsperiode wird es immer schwieriger, sie am Austreiben zu hindern.

Bedingungen für das Austreiben: Da vegetative Vermehrungskörper ausreichend Wasser eingelagert haben, ist für ihr Austreiben nach der Ruhezeit vor allem die Regelung der Temperatur von Bedeutung. Bei vielen Zwiebeln und Knollen lassen sich ohne Wasserzufuhr, allein durch eine Erhöhung der Temperatur die Stoffwechselprozesse ausreichend anregen. Das gilt z. B. für Ritterstern und Ruhmeskrone. Sie zeigen auf diese Weise die Bereitschaft zum Austreiben an. Sind sie im Substrat ausgelegt, ist eine kontinuierliche Wasserzufuhr notwendig.
Um die Auflaufzeit von Frühkartoffeln zu verkürzen, kann das Pflanzgut bereits vor dem Auspflanzen bei erhöhten Temperaturen vorgekeimt werden. Da die für den Stoffwechsel notwendigen Enzyme durch die Wärme aktiviert werden, setzen die Keime bei dieser Wärmevorbehandlung ihr Wachstum im Boden fort, wenn dieser eine Temperatur von mehr als + 4 °C hat.

Vorzeitige Beendigung der Keimruhe: Die tiefe Ruhe ist unterschiedlich intensiv. Es gelingt, nach dem Höhepunkt des Ruhestadiums, im Zeitraum, der zwischen der tiefen Ruhe und der erzwungenen Ruhe liegt, mit intensiven Maßnahmen das Austreiben auszulösen. Voraussetzung ist, daß für einen bestimmten Zeitraum niedrige Temperaturen auf die Pflanze oder Pflanzenteile eingewirkt haben. Ist das Kältebedürfnis unter natürlichen Bedingungen bereits Anfang des Winters erfüllt, wird der mögliche Austrieb vor allem durch die Fortdauer niedriger Temperaturen verhindert. Die Unterbrechung der Ruhe kann durch eine Temperaturerhöhung erzielt werden.

- Durch Veränderung der Temperatur können demnach Schnittlauchballen, die bereits Anfang September aus dem Boden gestochen und trokken gelagert wurden, nach dem ersten Frost zum Austrieb gebracht werden. Die getopften Pflanzen werden in einen warmen (15 bis 20 °C), hellen Raum eingebracht. Bei ausreichender Wasserversorgung liefern sie nach 3 bis 4 Wochen würziges Grün.
- Auch bei verschiedenen Tulpensorten (Beispiel: ›Apeldoorn‹) läßt sich vom Hobbygärtner die Ruhezeit vorzeitig beenden. Sie werden Ende Oktober in Töpfe gepflanzt und in einen 30 cm tiefen Erdeinschlag gebracht. Hier durchwurzeln die Topfballen. Die Triebe beginnen mit dem Wachstum. Ende Februar wird der Einschlag geöffnet und die Töpfe werden in einen Raum mit 12 bis 14 °C gebracht und 2 Wochen

Trompetennarzissen: Zwiebeln ermöglichen einen zeitigen Austrieb der Pflanzen, so daß die meisten Zwiebelpflanzen blühen, ehe die Sträucher begrünt sind

mit Zeitungspapier bedeckt. Haben sich die Sprosse gestreckt, wird in einen Raum mit etwa 18 °C eingeräumt. Es muß auf regelmäßige Wassergaben geachtet werden, damit die Blüten nicht sitzenbleiben.

• Zu fortgeschrittener Jahreszeit kann in vielen Fällen, z. B. bei Tulpen und Narzissen, bei frühen Stauden (Beispiel: Alpenkresse) oder bei Schnittlauch und Rhabarber, das Austreiben sehr einfach dadurch verfrüht werden, daß die Pflanzen im Freiland mit Folie überbaut werden.

In den gärtnerischen Betrieben werden die hier vorgestellten Verfahren häufig weiter ausgebaut. Es wird dabei zwischen Treiben und Verfrühen unterschieden. Da aber die Übergänge zwischen beiden Verfahren fließend sind, wurde in dieser Darstellung auf eine Unterscheidung verzichtet.

Tabelle 4: Dauer der optimalen Kälteperiode für verschiedene Zwiebelblumen zur Beendung der Ruhezeit

Zwiebelblumenart	Kälteperiode Zeit	Temperatur
Narzisse	15 Wochen	9 °C
Tulpe	16 Wochen	9 °C
	9 bis 12 Wochen	5 °C
Hyazinthe	8 bis 10 Wochen	9 °C
Iris	6 Wochen	9 °C
Lilie	6 Wochen	2 °C

Formen der Vermehrung durch oberirdische Organe

Viele Pflanzen besitzen die Möglichkeit zur vegetativen Fortpflanzung durch oberirdische Organe. Diese Fähigkeit wird vom Gärtner zur vegetativen Vermehrung genutzt.

Vegetative Vermehrung krautiger Pflanzen: Die vegetative Vermehrung krautiger Pflanzen zeigt in der Natur verschiedene Varianten. Vom Gärtner werden vor allem folgende genutzt:

• Wenn die Pflanzen lange, oberirdische Ausläufer bilden, muß vor allem dafür gesorgt werden, daß sich die Wurzeln der jungen Pflänzchen

Tabelle 5: Temperatur und relative Luftfeuchte beim Treiben verschiedener Zwiebelblumen

Zwiebelblumenart	Temperatur	relative Luftfeuchte
Tulpe	18 bis 19 °C	75 %
Narzisse	18 °C	90 %
Narzisse gefüllt	16 °C	90 %
Hyazinthe Frühtreiberei	23 bis 25 °C	85 bis 90 %
Hyazinthe Normaltreiberei	18 bis 23 °C	85 bis 90 %
Iris	15 bis 17 °C	80 %

möglichst in humusreicher Erde entwickeln können (Beispiel: Erdbeere).

- Bilden sich Seitensprosse ohne lange Ausläufer an der Basis des Sprosses, kommt es zum Horstwachstum (Beispiel: Herbstaster). Solche Horste können in so viel Stück geteilt werden, wie Erneuerungsknospen vorhanden sind.
- Bei der Kindelbildung entstehen neue Pflanzen unmittelbar am Sproß der Mutterpflanze (Beispiel: Dachwurz). Diese Kindel können von der Mutterpflanze getrennt und weiterkultiviert werden.

Vegetative Vermehrung holziger Pflanzen: Für Gehölze gibt es weitere charakteristische Vermehrungsmethoden.

- Durch das Anhäufeln von Sträuchern im Frühjahr bilden sich an der Basis der Triebe Adventivwurzeln. Die bewurzelten Abrisse werden im Herbst so tief wie möglich abgeschnitten, an geschützter Stelle im Garten eingeschlagen und im Frühjahr ausgepflanzt.
- Beim Absenken werden Triebe bogenförmig, beim Ablegen flach in die Erde gelegt (Beispiel: Beerensträucher). An den Knoten bilden sich Adventivwurzeln und Triebe. Am besten bewurzelt sich einjähriges Holz. Die Arbeiten werden möglichst im Frühjahr durchgeführt. Im Herbst werden die Absenker oder Ableger abgetrennt.
- Bei der Vermehrung von Zimmerpflanzen durch »Luftableger«, dem sogenannten Markottieren, wird um einen Sproß feuchter Torf oder ein anderes, Feuchtigkeit spendendes Material gebunden und mit Folie umwickelt. Zur Förderung der Wurzelbildung wird die Rinde quer eingeschnitten. Nach ausreichender Bewurzlung kann der obere Sproßteil abgeschnitten und eingepflanzt werden (Beispiel: Gummibaum).

Stecklinge

Im Gegensatz zu den höheren Tieren sind die Pflanzen in der Lage, sich aus abgetrennten Organen, Geweben oder gar einzelnen Zellen vollständig zu reproduzieren. Ein derartiges Regenerationsvermögen ist Voraussetzung, daß zurückgeschnittene Pflanzen wieder austreiben. Von Stecklingen spricht man, wenn Pflanzenteile zur Vermehrung genutzt werden, die erst nach der Trennung von der Pflanze fehlende Organe regenerieren.

Stecklingsarten: Von krautigen Pflanzen werden Stecklinge, von holzigen Pflanzen wird Steckholz gewonnen.

- Werden die Triebspitzen des Haupttriebes verwendet, spricht man von Kopfstecklingen. Diese bewurzeln sich in der Regel schneller, je wüchsiger der Trieb ist (Beispiel: Chrysantheme).
- Bei der Vermehrung über Sproßstücke müssen die Teilstecklinge jeweils zumindest einen Knoten enthalten. An seiner unteren Seite bilden sich im Substrat Wurzeln, das Auge wächst zu einem neuen Sproß heran (Beispiel: Fensterblatt).
- Bei Blattstecklingen werden Blätter in durchlässiges Substrat gesteckt. Am Grunde des Blattstiels oder eines Blatteils werden sowohl Wurzeln als auch Sprosse gebildet. Für derartige Regenerationen sind nur die Vertreter einiger Pflanzenfamilien geeignet (Beispiel: Usambaraveilchen).
- Als Wurzelstecklinge werden die abgeschnittenen Teile fleischiger oder holziger Wurzeln bezeichnet, die neue Wurzeln und Blattknospen bilden (Beispiel: Meerrettich).

Stecklingsvermehrung: Stecklinge werden geschnitten, gebrochen oder gerissen. Häufig erfolgt die Regeneration fehlender Organe an den Stengelknoten oder in deren Nähe (Beispiel: Pelargonie). Die Wurzelbildung vollzieht sich bei krautigen Pflanzenteilen während des ganzen Jahres, am besten im Frühjahr, bei immergrünen Holzgewächsen erst nach erfolgter Ausreife, also zu Sommerende. Steckholz wird nach Abschluß der Vegetationsperiode, zur Zeit der Knospenruhe gewonnen.

- Die Qualität der Stecklinge ist vom Zustand der Mutterpflanzen abhängig. Krautige Stecklinge bewurzeln am besten, wenn sie von physiologisch sehr aktiven Pflanzenteilen gewonnen werden, die noch nicht zur Blüte gekommen sind.
- Das Pflanzsubstrat muß gut vorbereitet sein. Um den erhöhten Bedarf an Wasser und Sauerstoff zu decken, verwendet man häufig Torf-Sand-Gemische. Es wird so tief gesteckt, daß ein

fester Stand garantiert ist. Beblätterte Stecklinge benötigen Licht, aber zunächst noch keine Sonnenbestrahlung, damit nicht so stark transpiriert wird. Die Temperatur an der Stengelbasis sollte bis zur Bewurzlung etwas höher liegen als bei der sonstigen Kultur der Pflanzenart, da zur Zellregeneration ein aktiver Stoffwechsel notwendig ist.

• Da den Stecklingen in der ersten Zeit die Wurzeln fehlen, muß die Wasserabgabe eingeschränkt werden. Deshalb sollte die relative Luftfeuchte durch das Abdecken mit Glas oder Folie hoch gehalten werden.

• Voraussetzung für die Regeneration von Pflanzenteilen ist die Anhäufung von Wachstumsregulatoren im Gewebe. Auxine sammeln sich an der Stecklingsbasis an und fördern die Bildung von Wundgewebe (Kallus). Um schnell die notwendige Auxinkonzentration zu erzielen, ist es möglich, die Stecklinge mit der Wundfläche in Bewurzlungspulver zu tauchen oder in eine Lösung von Auxinen zu stellen. Bewurzlungsmittel wirken allerdings nur dann, wenn alle anderen Umweltfaktoren, wie Feuchtigkeit, Bodenwärme und Durchlüftung des Substrats gewährleistet sind.

Bis sich die Wurzeln bilden, nimmt die Konzentration der Wachstumsregulatoren durch Verbrauch, Verdünnung und Zerstörung ab, so daß sich aus dem Kallus die Wurzeln differenzieren können.

Veredlungen

Wird ein Teilstück einer zu vermehrenden Pflanzenart nicht in Erde gesetzt, sondern mit einer anderen geeigneten Pflanze zur Verwachsung gebracht, spricht man von Veredlung. Der Abschnitt, auf dem veredelt wird, wird als Unterlage bezeichnet. Sie liefert über das Wurzelsystem Wasser und Nährstoffe. Der Abschnitt, der auf die Unterlage gesetzt wird, ist das Reis. Es liefert die zum Leben notwendigen organischen Stoffe. Eine Veredlung erfolgt, wenn bei Pflanzen, die sich nur vegetativ vermehren lassen, kein ausreichendes Wurzelsystem gebildet wird; wenn das eigene Wurzelsystem der zu vermehrenden Pflanze gegen Krankheitserreger oder ungünstige Bodenverhältnisse anfällig ist; wenn von der Unterlage die Wüchsigkeit und Wuchsform (z. B. eines Obstbaumes) abhängt.

Unterlage und Reis: Eine dauerhafte Verbindung von Unterlage und Reis ist nur möglich, wenn beide von verwandten Pflanzenarten stammen (Birne auf Quitte) am besten aber der gleichen Art zugehören (Apfel auf Apfel).

• Meist werden junge, gesunde Sämlingspflanzen als Unterlage verwendet. Die Reiser müssen von Pflanzen stammen, welche die Eigenschaften der Sorte oder Art in ausgeprägter Form besitzen. Man wählt diesjährige oder einjährige Triebe.

• Die verschiedenen Veredlungsarten haben gemeinsam, daß eine enge Verbindung zwischen Bildungs- und Leitgewebe und Rindenschicht von Reis und Unterlage hergestellt werden muß. Durch Kallus werden beide Pfropfpartner zunächst relativ locker miteinander verbunden. In der Folge differenzieren sich die Zellen dieser Gewebe u. a. zu Zellen des Leitgewebes, und an den äußeren Wundrändern bildet sich das Abschlußgewebe.

Veredlungsarten: Bei allen gebräuchlichen Veredlungsarten muß vor allem das Kambium beider Partner zur Deckung gebracht werden.

• Beim Pfropfen haben Reis und Unterlage meist nicht die gleiche Stärke. Wird ein keilförmig zugeschnittenes Reis in den gespaltenen Abschnitt des Oberteils der Unterlage eingesetzt, spricht man von einer Spaltpfropfung (Beispiel: Obstgehölze).

• Bei gleichstarken Veredlungspartnern wird meist die Kopulation angewendet. Beide Partner werden im gleichen Winkel schräg angeschnitten und paßgerecht miteinander verbunden (Beispiel: Gurke auf Kürbissämling).

• Das Ablaktieren ist eine Veredlungsmethode, bei der das Reis nicht von der Mutterpflanze getrennt, sondern nur sein Kambium mit dem Kambium der Unterlage in Kontakt gebracht wird. Erst wenn die Verwachsung erfolgt ist, wird das Reis von der Mutterpflanze getrennt (Beispiel: schwer wurzelnde Gehölze).

• Bei der Okulation wird ein »Auge« der Pflanze als Reis verwendet und auf der Unterlage hinter die Rindenlappen geschoben, die bei einem T-Schnitt entstehen (Beispiel: Rose).

6 Die Wurzel

Hauptorgan der Wasser- und Nährstoffaufnahme – Boden, Substrat, Bewässerung und Düngung

Da die Wurzel der Pflanze für den Gärtner nur dann sichtbar ist, wenn er die Pflanze ausgräbt oder rodet, wird ihr häufig nicht die notwendige Beachtung geschenkt, obwohl in ihr lebenswichtige Prozesse der Wasser- und Nährstoffaufnahme und der Stoffbildung stattfinden.

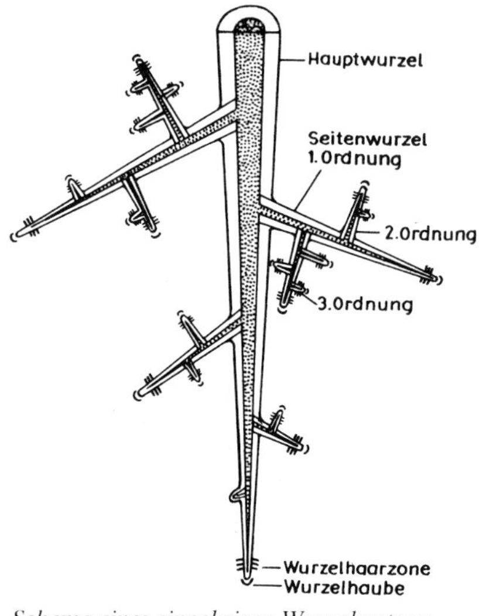

Schema eines einachsigen Wurzelsystems

Wurzelbau und Wurzelwachstum

Das Wurzelsystem der Pflanze steht in inniger Verbindung mit dem Boden. Es hat die Pflanze zu verankern sowie gelöste Stoffe aufzunehmen und in die oberirdischen Organe zu leiten.

Oberflächenvergrößerung durch Wurzelsysteme: Um seine Aufgabe erfüllen zu können, ist das Wurzelsystem jeder Pflanze weit verzweigt. Es erhält dadurch eine große Oberfläche, durch die es in der Lage ist, in engen Kontakt mit dem Boden zu treten.

- Zweikeimblättrige Pflanzen und Nadelgehölze haben ein einachsiges Wurzelsystem. Ihre Keimwurzel wächst senkrecht in die Tiefe und erhält, vor allem in der Zeit des Dickenwachstums, ein pfahlartiges Aussehen. Von dieser Haupt- oder Pfahlwurzel entspringen die Seiten- oder Nebenwurzeln, die schräg nach unten oder waagerecht wachsen und sich mehr oder weniger stark verzweigen. Die letzten Verästelungen sind faserartig dünn und werden als Faserwurzeln bezeichnet.

Bei älteren Bäumen beträgt die Gesamtlänge der Wurzeln je nach Baumkrone einige bis viele Kilometer, davon sind etwa 90 % relativ kurzlebige Faserwurzeln. So entsteht ein Wurzelsystem, das den Boden wie ein feinmaschiges Netz durchzieht.

Um den Wurzelballen zu erhalten, werden viele Gehölze heute in Containern zum Kauf angeboten. Eine derartige Methode hat den Vorteil, daß die Pflanzen keine Zeit benötigen, den Boden erneut zu durchwurzeln und dadurch ihr

Wachstum unmittelbar nach dem Pflanzen fortsetzen können.
Ähnlich wie bei den Gehölzen werden auch bei Gemüse die Jungpflanzen häufig in Töpfe ausgesät (Torftöpfe, Torfquelltabletten usw.) und mit Topfballen gepflanzt. Auch hier treten bei sachgemäßer Auspflanzung keine Wachstumsstörungen auf.

- Viele Pflanzen mit einachsigem Wurzelsystem gehören zu den Tiefwurzlern. Bei Schmetterlingsblütengewächsen (Beispiel: Lupine, Erbse) reichen die Wurzeln z. B. mehr als 2 m in die Tiefe. Tiefwurzler tragen wesentlich zur Bodenverbesserung bei, da ihre Wurzeln die Durchlüftung des Bodens begünstigen, die Nährstoffe tieferer Bodenschichten aufnehmen und dadurch aktivieren und nach dem Absterben Humusstoffe im Durchwurzlungsbereich hinterlassen. Schmetterlingsblütler binden außerdem Luftstickstoff und machen ihn für die Pflanzen der Nachfrucht verfügbar.
- Einkeimblättrige Pflanzen (Beispiele: Speisezwiebel, Porree) haben genauso wie Stecklinge ein büscheliges Wurzelsystem. Die Hauptwurzel stirbt kurz nach der Keimung ab und an den untersten Knoten des Sprosses bilden sich sproßbürtige (Adventiv-) Wurzeln. Diese verzweigen sich weiter und durchwurzeln den Boden sehr intensiv. Auf diese Weise kann z. B. ein Grasbestand bereits geringe Niederschläge aufnehmen.
- Adventivwurzeln bilden sich aber auch bei zweikeimblättrigen Pflanzen an den unteren Sproßabschnitten. Wenn Buschbohnen angehäufelt oder Tomaten tiefer eingepflanzt werden als vorher, trägt das zur Ausbildung derartiger zusätzlicher Wurzeln bei. Damit vergrößert sich die wasser- und nährstoffaufnehmende Wurzeloberfläche.

Die Wurzelspitze: Läßt man Erbsen, Bohnen oder Radies in einer »feuchten Kammer« keimen, sieht man deutlich die Wurzelspitze, so wie sie später an jeder Faserwurzel zu erkennen ist.

- Der Vegetationspunkt oder Vegetationskegel, an dem die Zellteilung erfolgt, ist durch die Wurzelhaube geschützt. Dahinter strecken sich die Wurzelzellen, und ein Stück oberhalb kommt ein weißer Filz von Wurzelhaaren zur Ausbildung. In diesem Bereich werden Wasser

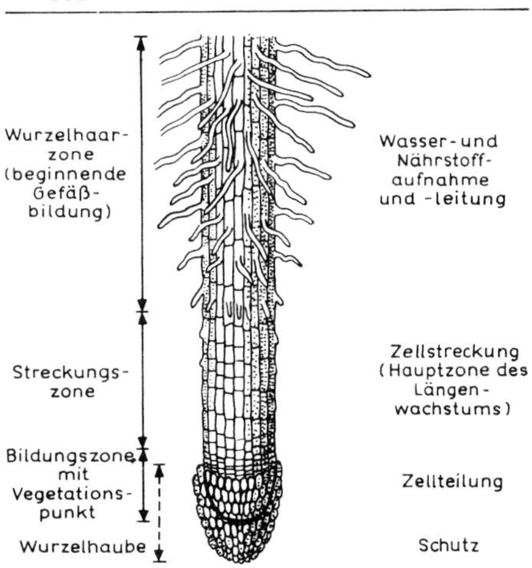

Bau und Funktion der Wurzelspitze

und Nährstoffe besonders intensiv aufgenommen. Die Wurzelhaare durchdringen die kleinsten Bodenareale und schmiegen sich fest an die Bodenteilchen an, ja verkleben oft sogar mit ihnen. Die Lebensdauer dieser Haare ist sehr kurz, die oberen sterben ab, so daß die Wurzelhaarzone mit der Wurzelspitze erdwärts wächst. Oberhalb des Abschnittes der Wurzelhaare beginnt die Differenzierungszone der Wurzel. Es bilden sich Seitenwurzeln und die zunächst wasserdurchlässige Wurzelhaut beginnt zu verkorken. Außerdem sind in diesem Wurzelabschnitt

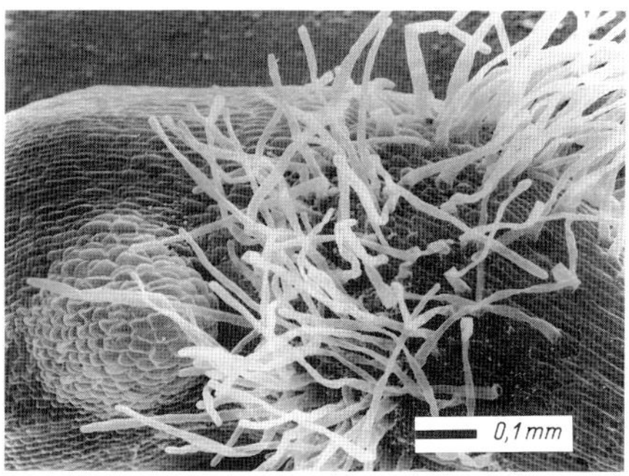

Wurzelhaarzone und Differenzierungszone mit durchbrechender Seitenwurzel der Speisezwiebel

bereits die Leitgewebe ausgebildet, durch welche Wasser und gelöste Nährstoffe in der Wurzel weitergeleitet werden.
Werden ältere Pflanzen ausgegraben, so ist an ihren Wurzelenden jeweils eine kleine weiße Wurzelspitze zu erkennen, die nach dem Verpflanzen für ein schnelles Anwachsen sorgt. Um ein Vertrocknen dieser sehr zarten Teile zu verhindern, sollen ausgegrabene Pflanzen sofort eingeschlagen oder die Wurzeln beim Transport feucht verpackt werden.

• Vor allem im Bereich der Wurzelspitzen bestehen vielfältige Wechselwirkungen mit dem Boden. Die Pflanzenwurzeln scheiden reichlich Stoffwechselprodukte aus. Durch diese werden Nährstoffe des Bodens aufgeschlossen. Außerdem haben sie eine wachstumsfördernde oder -hemmende Wirkung auf die Mikroorganismen des Bodens. Schließlich dienen Reste absterbender Wurzeln als Bakteriennahrung. Die Mikroorganismen wiederum bauen die organische Substanz des Bodens zu Humus um (Humifizierung) oder ab und setzen dadurch Pflanzennährstoffe frei (Mineralisierung). Dadurch fördern sie die Ernährung der Pflanzen. Außerdem scheiden sie Wirkstoffe ab, die das Pflanzenwachstum beeinflussen. Bodenproben aus der wurzelnahen Zone sind etwa 10 bis 15mal so dicht mit Bakterien, Algen oder Pilzen besiedelt wie die weitere Umgebung der Pflanze.

Wurzelwachstum und Beeinflussungsmöglichkeiten: Die Zellteilung an der Wurzelspitze findet am Vegetationspunkt statt.

• Ein kleiner Teil der meristematischen Zellen verbleibt ständig im teilungsfähigen Stadium und bildet somit während der Vegetationszeit immer neue Zellen. Der größere Teil aber beginnt sich zu strecken. Für den Beobachter wird erst dieses Streckungswachstum zwischen Vegetationskegel und Wurzelhaarzone sichtbar. Dadurch, daß immer neue Zellen in die Streckungszone eintreten, wächst eine Wurzelspitze bei konstanten Außenbedingungen ganz kontinuierlich weiter, während ältere Zellen aus der Zone des maximalen Streckungswachstums heraustreten, ihr Wachstum einstellen und sich spezialisieren. Die Geschwindigkeit, mit der die Pflanzenwurzel in die Tiefe vordringt, ist recht verschieden. Sie wird von Außenfaktoren bestimmt. In lockerem, gut durchlüftetem, warmem Substrat wird die Enzymtätigkeit in der Wurzel angeregt: In den Zellen des Vegetationspunktes bildet sich viel Plasma, so daß die Zellteilungen in schneller Folge verlaufen. Die Enzymtätigkeit in der Differenzierungszone beschleunigt das Wachstum der Seitenwurzeln. Insgesamt entwickelt sich unter diesen Bedingungen ein leistungsfähiges Wurzelsystem.
Festes, schlecht durchlüftetes oder gar vernäßtes, kaltes Substrat drosselt die Enzymtätigkeit und hemmt das Wurzelwachstum oder läßt Teile des Wurzelsystems gar absterben.

• Im Winter dringt der Frost relativ langsam in den Boden ein. Ab 60 cm gilt der Bodenbereich in unseren Breiten als ständig frostfrei. Die Wurzeln haben sich diesem relativ milden Bodenklima angepaßt. Sie brauchen nicht extrem winterfest zu sein. Nur einige Pflanzenarten können Bodentemperaturen unter −10°C überstehen. Das sollte beachtet werden, wenn gerodete Gehölze im Einschlag überwintert werden.
Auch bei niedrigen Temperaturen sind die Stoffwechselprozesse nicht völlig unterbrochen. Auf diese Weise nehmen die Wurzeln, solange der Boden nicht gefroren ist, noch Wasser auf und verhindern so das Vertrocknen der Organe.
Bei stärker werdender Erwärmung im Frühjahr beginnen die Wurzeln aktiver zu werden. Organische Stoffe werden veratmet, so daß ausreichend Energie zur stärkeren Wasseraufnahme und zur Erhöhung des Wurzeldruckes zur Verfügung steht, durch den eine wäßrige Lösung organischer Stoffe in den Sproß gedrückt wird, welche die Knospen zum Austrieb bringt.

• Unabhängig von der genetisch bedingten Eigenschaft der Wurzeln, in den Boden vorzudringen, spielen äußere Faktoren eine große Rolle für die Ausbildung eines Wurzelsystems. In gut versorgten Böden braucht die Wurzel nur einen mäßig großen Bodenraum zu erschließen. Das Wurzelsystem bleibt also relativ klein. Auf leichten, nährstoffarmen und wasserarmen Sandböden hingegen muß ein umfangreiches, weitverzweigtes Wurzelsystem gebildet werden, um zu garantieren, daß die Pflanzen überhaupt existie-

Sorgfältige Bodenvorbereitung für Aussaat und Pflanzung ist die Voraussetzung für gutes Wachstum der Pflanzen und reiche Ernte ▶

ren können. Gehölze aus Baumschulen in sandigen Gegenden haben also ein besser ausgebildetes Wurzelsystem als solche von nährstoffreichen Lößböden. Sie wachsen dadurch beim Verpflanzen besser an.

- Das Wachstum der Wurzeln und die Entwicklung des Wurzelsystems kann vom Menschen durch mechanische Maßnahmen, z.B. beim Pikieren, beeinflußt werden. Dabei werden die Jungpflanzen sorgfältig aus der Erde genommen. Sie sollen sofort pikiert werden, damit die empfindlichen Wurzelspitzen nicht eintrocknen. Man kann jetzt einen entscheidenden Eingriff vornehmen. Wenn gewährleistet ist, daß später die Beete ständig gut betreut und ausreichend feucht gehalten werden, empfiehlt es sich, die Spitze der Hauptwurzel abzukneifen. Dadurch wird die Ausbildung von Seitenwurzeln angeregt, welche die Bodenoberfläche stärker durchwurzeln und das Niederschlagswasser besser aufnehmen können.
- Ein schnelles Arbeiten empfiehlt sich auch beim Umtopfen. Besonders bei der Verwendung von Tontöpfen ist erkennbar, daß sich viele empfindliche Wurzelspitzen am Rand des Topfballens befinden. Deshalb sollte die nächste Pflanze erst ausgetopft werden, wenn die vorherige bereits umgetopft ist. Durch das Umtopfen wird der Pflanze neues, nährstoffreiches Substrat gegeben, in welches die Wurzelspitzen schnell hineinwachsen und den Topfballen wieder festigen.

Wurzelaktivität

Die Wurzel ist ein ebenso wichtiges Zentrum für die Stoffproduktion wie das Blatt. Wichtige Nährstoffe werden sofort in den Stoffwechsel der Pflanze einbezogen, z.B. werden aus den aufgenommenen Nitraten oder Ammoniumsalzen und aus den von den Blättern herantransportierten Kohlenhydraten ständig Aminosäuren synthetisiert, die dann durch die Leitbündel zu den Orten der Eiweißsynthese transportiert werden.

Die Wurzelatmung: Für die Stoffwechselprozesse benötigen die Wurzeln viel Energie. Sie veratmen deshalb in den Mitochondrien der Zellen ständig Kohlenhydrate, die unter Abgabe der Energie zu Wasser und Kohlendioxid abgebaut werden. Das geschieht nach folgender Summengleichung:

$$C_6H_{12}O_6 + 6O_2 + 6H_2O \rightarrow 6CO_2 + 12H_2O + \text{Energie}$$

Als Folge der starken Wurzelatmung reichert sich das Kohlendioxid im Boden an. Dabei können Konzentrationen auftreten, die für die Pflanzenwurzel giftig sind.

- Bei guter Durchlüftung des Bodens ist ein intensiver Gasaustausch zwischen Bodenluft und Atmosphäre gewährleistet. Das CO_2 wird an die Umgebung abgegeben und Sauerstoff dringt in den Wurzelbereich ein. Das Substrat sollte also immer ausreichend gelockert sein.
- Außerdem erwärmt sich durchlüftetes Substrat im Frühjahr schneller. Bodenwärme fördert die Wurzelatmung und damit die Stoffwechselprozesse in der Wurzel. Bei Jungpflanzen schaffen im Frühjahr durchsichtige Pflanzenhauben nicht nur oberirdisch ein günstiges Kleinklima für das Sproßwachstum, sondern die Sonnenstrahlen werden vom dunklen Substrat sorbiert, so daß sich auch das unter der Haube befindliche Bodenvolumen gut erwärmt.

Ähnlich steigen auch in Frühbeetkästen im dunklen, humosen Substrat die Temperaturen im Frühjahr bei Sonneneinstrahlung sehr schnell. Der Hobbygärtner, der sein Frühbeet außerdem mit Pferdemist und/oder Laub packt, schafft auch an sonnenarmen Tagen für seine Pflanzen einen »warmen Fuß«. Im Gewächshaus sollte die Heizung vegetationsnah, d.h. in Bodennähe verlegt werden.

Stagnierende Nässe: Fehlt der Sauerstoff in Bodenschichten, kann die Wurzel dort nicht atmen. Sie meidet also derartige Zonen. Besonders ungünstig wirkt sich ein hoher Grundwasserstand aus. Ansteigendes Grundwasser schließt die Wurzeln vom Luftsauerstoff ab und bewirkt schon nach wenigen Tagen bei vielen Nutzpflanzen das Absterben.

Ähnlich wirkt bei Topfpflanzen stagnierende Nässe schädlich auf den Wurzelballen. Übermäßiges Gießen und Wasser im Topfuntersetzer haben bereits mehr Pflanzen zum Absterben gebracht als zeitweilige Trockenheit. Auch in

Gewächshäusern wirkt sich eine übermäßige Durchnässung, wie sie z. B. an Tropfstellen entsteht, ungünstig auf die Wurzelatmung und damit auf den Pflanzenwuchs aus.

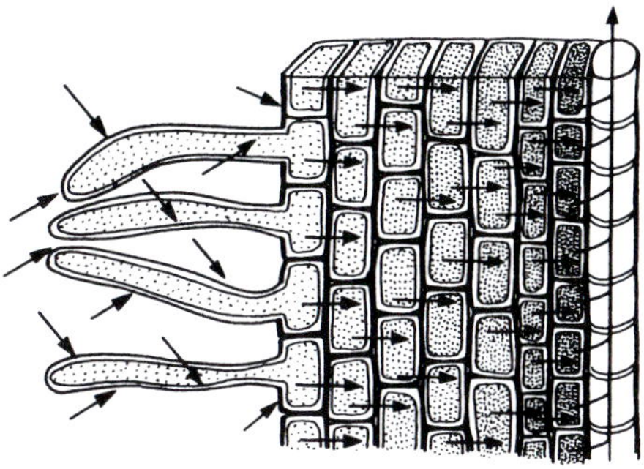

Wasseraufnahme durch die Wurzelhaare

Wasseraufnahme

Alle Lebensvorgänge spielen sich in wäßriger Lösung ab. Wasser gibt allen Zellen ihren Innendruck, so daß die Pflanzenteile straff bleiben und nicht schlaff herabhängen. Dieser Grundstoff des Lebens ist einer der beiden Rohstoffe für die Photosynthese. Und schließlich werden alle Stoffe in der Pflanze nur in wäßriger Lösung transportiert.

Bodenwasser: Das Wasser, das den Pflanzen im Boden zur Verfügung steht, befindet sich

- ► in frei beweglicher Form in den Kapillaren zwischen den Bodenteilchen (Kapillarwasser). Es kann durch die Wurzeln aufgenommen werden und strömt über gewisse Strekken im Boden nach;
- ► in lockerer Form von den Bodenteilchen entsprechend ihrer Oberflächenladung als Wasserhülle adsorbiert (Adsorptionswasser). Es kann nur in geringem Maße, entsprechend der Saugkraft der Wurzelzellen, von den Wurzeln aufgenommen werden;
- ► in frei beweglicher Form in tieferen Bodenschichten (Grundwasser). Es kann nur dann aufgenommen werden, wenn der Grundwasserspiegel so hoch liegt, daß die Wurzel bis zu den Stellen vordringen kann, zu denen dieses Grundwasser aufsteigt.

Formen der Wasseraufnahme: Durch die Transpiration entsteht ein Sog, welcher das Wasser durch die Pflanze hindurchsaugt. Damit schaltet sich die Pflanze in das Dampfdruckgefälle zwischen Atmosphäre und Boden ein.

- Als Ergebnis des Transpirationssoges entsteht ein Unterdruck im gesamten Leitgewebe. Dieser wirkt vom Blatt über den Sproß bis zur Wurzel. Dort ist der Unterdruck so hoch, daß den angrenzenden Wurzelzellen das Wasser entzogen wird. In ihnen steigt die Saugkraft an. Dadurch dringt Wasser osmotisch aus den Vakuolen der benachbarten Zellen nach. Dieser Vorgang setzt sich quer durch den gesamten Wurzelkörper fort, bis von den Zellen der Wurzelhaut das Wasser aus dem Boden nachgesaugt wird, da deren Saugkraft die Saugkraft der Bodenlösung übersteigt.
- Offensichtlich sind bei der Wasseraufnahme auch aktive Prozesse beteiligt. Wahrscheinlich wird das Wasser von der inneren Schicht der Wurzelrinde, der Endodermis, in das Innere der Wurzel gedrückt. Besonders stark macht sich dieser Vorgang im Frühjahr bemerkbar. Beim

Eine gemulchte Gurkenpflanze hat einen warmen Fuß und ausreichend Feuchtigkeit für das Wachstum

Austreiben der Pflanzen wird das Wasser in den Leitbahnen regelrecht nach oben befördert. Das von diesem Wurzeldruck in alle Teile der Pflanze transportierte Wasser ist reich an organischen Stoffen, die in der Pflanze gespeichert wurden und nun zur Ausbildung der Blätter und jungen Triebe Verwendung finden. Wird in dieser Zeit eine Pflanze verwundet, so ist eine sehr starke Saftabsonderung zu beobachten. Dieser Vorgang wird als Blutung bezeichnet. Um unnötige Verluste an organischer Substanz zu vermeiden, ist deshalb der Obstbaumschnitt im Frühjahr zu beenden, sobald in den Bäumen die Säfte steigen. Stoffwechselgifte (CO_2!), sauerstoffarmes Substrat und niedere Wurzeltemperaturen hemmen diese aktive Wasseraufnahme sehr stark. Deshalb welken z.B. Freilandtomaten, wenn im Herbst die kühlen Nächte beginnen.

Regeln für die Wasserversorgung der Pflanzen: Die Wichtigkeit einer geregelten Wasseraufnahme durch die Pflanzen gebietet, daß sich der Hobbygärtner einige Regeln für die Wasserversorgung der Pflanzen einprägt:

- Kontinuierliche Wasserversorgung sichern! – Aus der Bedeutung des Wassers für Wachstum und Entwicklung der Pflanzen ergibt sich die Notwendigkeit, eine kontinuierliche Wasserversorgung der Pflanzen zu sichern, die zu einer gleichmäßigen vegetativen und generativen Entwicklung beiträgt.
- Verdunstung einschränken! – Die Wasservorräte des Bodens gehen auch durch Verdunstung verloren, da die Bodenkapillaren bis zur Bodenoberfläche reichen, so daß Wasser aus tieferen Schichten aufsteigen kann. Beim Hacken des Bodens werden die Kapillaren zerstört und die Wasservorräte bleiben in die tieferen Bodenschichten erhalten. Es gilt die Gärtnerregel: »Einmal gehackt ist soviel wie zweimal gegossen«.
- Boden mulchen! – Eine Isolierschicht aus Mulchmaterial wie Stroh, Mähgut, Kompost, Laub oder ähnlichem hält den Boden feucht, aktiviert das Bodenleben und gleicht einen krassen Temperaturwechsel aus.
- Mischkulturen anlegen! – Mischkulturen von Flach- und Tiefwurzlern nutzen den gesamten Wasservorrat des Bodens.
- Richtig wässern! – Wenn der Boden durch einen leichten Regen angefeuchtet ist, dringt das Wasser besser in den Boden ein. Beim Gießen sollte nicht das gesamte Beet gewässert werden, denn dadurch verkrustet die Bodenoberfläche. Vielmehr soll das Wasser direkt an den Sproß gegeben werden. Dabei muß so langsam gegossen werden, daß der Boden das Wasser gut aufnehmen kann. Günstig ist es, alle 3 bis 4 Tage ausreichend zu wässern (15 bis 20 l/m^2), damit das Wasser den gesamten Wurzelbereich durchdringt. Um keinen Wachstumsschock auszulösen, sollte möglichst abgestandenes, also erwärmtes Wasser verwendet werden. Am späten Nachmittag sind die Verdunstungswerte nach dem Gießen 20% bis 30% geringer als mittags.
- Besondere Ansprüche der Pflanzenarten beachten! – Der Wasserbedarf verschiedener Pflanzenarten ist unterschiedlich. Bei Obst fallen die Ansprüche an die Wasserzufuhr vom Apfel mit dem höchsten Wasserbedarf über Pflaume und Pfirsich bis zu Birne und Kirsche ab; bei Gemüse von Gurke, Kürbis und allen Kohlarten über kopfbildende Salatarten bis zu Zwiebel und Erbse.
- Bewässerungszeiträume beachten! – Frische Saaten müssen ständig feucht gehalten werden, da sie zunächst Wurzeln treiben müssen. Später kann zurückhaltender gegossen werden. Die Pflanzen haben dann im Zeitraum der stärksten Massenzunahme einen hohen Wasser- und Nährstoffbedarf: Blatt- und Kohlgemüse während der gesamten Vegetationsperiode; Wurzelgemüsearten nach Bestandsschluß; Fruchtgemüsearten und Kartoffeln von der Blühperiode bis zur Ernte. Obstbäume sollten bei reichem Fruchtbehang in Höhe der Kronentraufe gewässert werden, da sich hier die Faserwurzeln befinden.

Nährstoffaufnahme

Das Wachstum und die Entwicklung der Pflanze erfordert eine ständige Versorgung mit den für den Stoffwechsel notwendigen chemischen Elementen bzw. deren Ionen. Diese werden als Nährelemente (z.B. N = Stickstoff), ihre für die

Im Balkonkasten sind die Pflanzen von der Wassernachlieferung aus tieferen Bodenschichten abgeschnitten, üppiges Wachstum setzt deshalb regelmäßige Kontrolle der Substratfeuchte voraus ▶

Pflanze zur Verfügung stehenden Aufnahmeformen als Nährstoffe (z.B. NO_3^- = Nitration) bezeichnet. Im folgenden wird nur dann von Nährelementen gesprochen, wenn es sich um die Wirkung der chemischen Elemente handelt. Sonst wird dem Sprachgebrauch gefolgt und die Bezeichnung Nährstoffe verwendet.

Sie erfolgt zu einem großen Teil über die Wurzelspitze, z.T. auch über andere Wurzelabschnitte.

• Den Transport der frei beweglichen Nährstoffe kann man sich vereinfacht so vorstellen, daß diese in einem Massenfluß mit dem Wasserstrom zur Wurzel gesaugt werden, da in dieser als Ergebnis der Transpiration ein Unterdruck vorhanden ist.

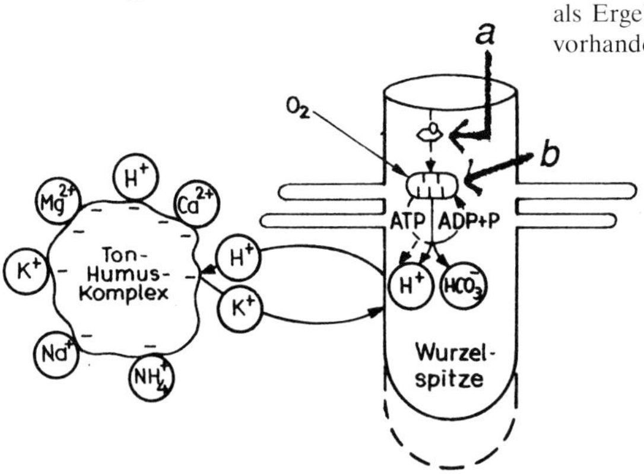

Kationenumtausch:
a *Zuckermolekül,*
b *Mitochondrium, ATP/ADP: Bildung energiereicher Zwischenprodukte bei der Atmung*

Boden und Nährstoffverfügbarkeit: Alle Nährstoffe liegen im Boden in vier Bindungsformen vor. Sie stehen damit der Pflanze in unterschiedlicher Weise zur Verfügung.

Mobile Nährstoffe:

► Sie sind wasserlöslich, kommen in der Bodenlösung ungebunden vor, stehen der Pflanze voll zur Verfügung und werden leicht ausgewaschen.

► Sie sind von mineralischen und organischen Bodenbestandteilen locker gebunden (sorbiert), durch die Pflanzen austauschbar, also pflanzenverwertbar, werden nur bedingt ausgewaschen.

Reservenährstoffe:

► Sie sind in anorganischen Verbindungen festgelegt und von der Pflanze schwer zu lösen.

► Sie sind organisch gebunden und werden durch die Mikrobentätigkeit langsam mobilisiert und dadurch pflanzenverfügbar.

Nährstoffaufnahme durch die Wurzel: Die Pflanzenwurzel nimmt die Nährstoffe hauptsächlich als Ionen auf. Eine ausreichende Nährstoffaufnahme wird durch die starke Oberflächenvergrößerung jeder Wurzel gewährleistet.

• Die an Ton-Humusbestandteile locker gebundenen Nährstoffe müssen von der Pflanze ausgetauscht werden. Das geschieht durch die bei der Wurzelatmung freigesetzten H^+-(Wasserstoff-) bzw. HCO_3^--(Kohlensäure-)Ionen. So kann z.B. das H^+-Ion gegen ein anderes positiv geladenes Ion (Kation wie z.B. Kalium = K^+) ausgetauscht werden, das an die Bodenkolloide gebunden ist. Auf diese Weise wird dieses Ion frei und kann zu der Wurzel transportiert werden.

• Die zu den Wurzeln gelangten Nährstoffionen können ohne Widerstand in den Zellwänden der Wurzel vordringen. Sie umspülen also sozusagen jede Zelle der Wurzelrinde und gelangen durch die Zellmembran in das Zellplasma. Das ist ein aktiver Vorgang, bei dem Energie verbraucht wird, die durch die Zellatmung freigesetzt wird. Bei dieser Aufnahme hat die Pflanze ein gewisses Nährstoff-Wahlvermögen, das heißt, sie nimmt die für sie lebensnotwendigen Ionen bevorzugt auf. Befinden sich die Nährstoffionen im Zellplasma, so können sie über die plasmatischen Stränge von Zelle zu Zelle wandern. Auf diese Weise dringen die Nährstoffionen bis zu den Gefäßen der Leitbündel vor, in die sie aktiv abgeschieden werden. Anschließend werden sie passiv durch den Transpirationssog weitertransportiert.

• Die aktive Ionenaufnahme ist ein energieabhängiger Prozeß, also von der ausreichenden Durchlüftung des Substrates (Bodenbearbeitung!), der Kohlenhydratzufuhr (Belichtung der Pflanze!) und von der für die Tätigkeit der Atmungsenzyme notwendigen Bodentemperatur (Mulchen!) abhängig.

Das Auswahlvermögen der Pflanzen erklärt, daß aus einer Bodenlösung bzw. Nährlösung die Nährstoffe nicht einheitlich, sondern je nach Pflanzenart unterschiedlich aufgenommen werden. Dadurch erklärt sich auch eine unterschiedliche Veränderung des Nährstoffspiegels im Boden, die u.a. von der angebauten Pflanzenart abhängt. Es ist also notwendig, daß auch im Kleinanbau von Zeit zu Zeit Bodenproben untersucht und nach dem Ergebnis die Düngergaben festgelegt werden.

Die Wirkung der Makronährelemente in der Pflanze: Die Pflanze benötigt die nichtmineralischen Elemente Kohlenstoff (C), Sauerstoff (O) und Wasserstoff (H) als Voraussetzung für die Photosynthese. Zu den mineralischen Elementen gehören die Haupt- oder Makronährelemente Stickstoff (N), Phosphor (P), Kalium (K), Magnesium (Mg), Calcium (Ca), Schwefel (S) und die Spuren- oder Mikronährelemente Eisen (Fe), Mangan (Mn), Bor (B), Kupfer (Cu), Molybdän (Mo) und Zink (Zn).

• Die Makronährelemente werden in Einnährstoff- oder Mehrnährstoffdüngern verabfolgt. Erstere haben den Vorteil, daß sie genau nach Pflanzenart, Düngetermin und Nährstoffgehalt des Bodens verabfolgt werden können. Letztere sind bequemer anzuwenden, jedoch kann mit ihnen nicht gezielt und ausgewogen gedüngt werden. Der Gehalt an Nährstoffen wird auf der Verpackung der Mehrnährstoffdünger als N:P:K:Mg-Verhältnis verzeichnet. So besteht z.B. ein Mehrnährstoffdünger mit der Ziffernfolge 15 – 10 – 15 – 2 aus 15% Gesamtstickstoff, 10% P_2O_5, 15% K_2O und 2% MgO. Eine eventuell genannte fünfte Zahl gibt den Gehalt an CaO an. Ein Dünger mit der genannten Zusammensetzung wird zur Förderung des vegetativen Wachstums eingesetzt. Ein Mehrnährstoffdünger mit der Zusammensetzung 8 – 15 – 24 – 2 hat einen höheren P_2O_5-Gehalt. Derartige Nährstoffverhältnisse sind günstig zur Umstellung des vegetativen auf das generative Wachstum und zur Verstärkung des Blütenansatzes.

Die einzelnen Nährelemente wirken in der Pflanze in ihrer Gesamtheit. Wie das Beispiel aber zeigt, werden von den einzelnen Nährelementen bestimmte Prozesse ganz besonders intensiv gefördert. Ist ein Element nicht in ausreichendem Maße vorhanden, so treten in der Pflanze Mangelerscheinungen auf.

• *Stickstoff* ist Baustein der Aminosäuren und damit in Eiweißen enthalten. Er ist aber auch Bestandteil der Nukleinsäuren und des Chlorophyllmoleküls. Stickstoff fördert die Bildung des Zellplasmas und damit das Triebwachstum und die Bildung grüner Blattmasse. Deshalb wird er oft als »Motor der Pflanze« bezeichnet.

Stickstoff ist in der Pflanze leicht beweglich. Mangelsymptome sind deshalb zunächst an den älteren Blättern zu erkennen. Sie äußern sich in deren Gelbfärbung. Bei Stickstoffmangel treten außerdem Kümmerwuchs, eine vorzeitige Blüte und eine vermehrte Wurzelbildung auf. Zu viel Stickstoff bewirkt große, weiche, dunkelgrüne Sprosse und Blätter. Das übermäßige Wachstum führt zur Anfälligkeit gegenüber Schädlingen und Frost und verzögert die Blütenbildung.

• *Phosphor* findet sich vor allem in den Nukleinsäuren der Zellkerne, im Reserveeiweiß der Samen und in Verbindungen, die für den Energiehaushalt notwendig sind. Er fördert den Blütenansatz, die Fruchtbildung, beschleunigt die Fruchtreife und verbessert die Lagerfähigkeit von Früchten. Man bezeichnet ihn auch als »Reifefaktor der Pflanze«. Die Blühwilligkeit steigt bei gleichbleibender Phosphor- und gesenkter Stickstoffgabe.

Phosphormangel wird zunächst an älteren Pflanzenteilen durch eine rötlich-violette Verfärbung von Blättern und Früchten sichtbar. Die Blätter sind nach oben gerichtet (Starretracht) und die Pflanze bleibt im Wachstum zurück. Überschußerscheinungen sind selten.

• *Kalium* ist im Zellsaft gelöst und bewirkt gemeinsam mit anderen Kationen, daß der Quellungszustand des Zellplasmas optimal ist. Dadurch werden alle Lebensfunktionen günstig beeinflußt. Eine gute Kaliumversorgung macht sich vorteilhaft im Wasserhaushalt der Pflanzen bemerkbar, da die Zellen länger den notwendigen Innendruck (Turgor) behalten. Kalium steigert dementsprechend wichtige Stoffwechselprozesse, macht widerstandsfähig gegen Frost, Trockenheit, Krankheit und Schädlingsbefall und erhöht die Qualität der Ernteprodukte. Es wird auch als »Gesundheitsfaktor der Pflanze« bezeichnet.

Mangelerscheinungen sind Welke der Blätter (Welketracht), sowie Vergilbung der Blattränder. Kaliumüberschuß kann die Aufnahme von Magnesium und Calcium behindern und zu entsprechenden Mangelsymptomen führen.

• *Magnesium* liegt ebenfalls als freies Ion im Zellsaft vor. Es wirkt aktivierend auf viele Enzyme, die z. B. für Atmung und Photosynthese notwendig sind. Außerdem ist es zentrales Atom des Chlorophylls. Man kann es dementsprechend als »Energiebindungsfaktor der Pflanze« bezeichnen.

Magnesiummangel zeigt sich in einer Gelbfärbung der Blätter zwischen den zunächst noch grünen Blattadern (Weihnachtsbaumeffekt). Durch Magnesiumüberschuß kann es zu Kaliummangel kommen.

• *Calcium* wirkt in der Pflanze als Gegenspieler des Kaliums entquellend auf das Zellplasma. Als Baustein wichtiger Verbindungen der Zellwand trägt es zur Gewebefestigkeit bei. Es wird also vor allem in allen teilungsfähigen Geweben, insbesondere in den Knospen benötigt. Bei seinem Fehlen kommt es zum Absterben der Triebspitzen und zur Fruchtendfäule, z. B. bei Tomate, Paprika und Gurke.

Calcium ist jedoch vor allem »Bodendünger«. Eine Kalkung sollte alle drei Jahre erfolgen. Sie beeinflußt den pH-Wert des Bodens. Um das Leben der Mikroorganismen, die Stabilität der Bodenkrümel und die Auf- und Abbauprozesse im Boden günstig zu gestalten, sind wesentlich höhere Calciummengen erforderlich, als die Pflanze für ihre Lebenstätigkeit benötigt.

• *Schwefel* ist Eiweißbestandteil. Er ist in der Regel in allen Böden in ausreichender Menge enthalten.

Bei der Düngung sollte beachtet werden, daß die Nährelemente über die Pflanzenkost als Mineralstoffe in den Stoffwechsel des Menschen gelangen. Dabei wird einer zu intensiven Düngung mit mineralischen Düngemitteln eine ungünstige Wirkung nachgesagt. Das trifft vor allem für eine hohe Stickstoffdosierung zu. Sie bewirkt zwar ein kräftig grünes Laub, das aber nicht nur Eiweiß enthält, sondern auch unverarbeitete Nitrate, die im Stoffwechsel des Menschen zu gefährlichen Nitriten und zu den krebserregenden Nitrosaminen umgewandelt werden. Bei stickstoffreicher Düngung haben besonders folgende Pflanzenarten einen hohen Nitratgehalt: Chinakohl, Endivie, Feldsalat, Grünkohl, Kopfsalat, Mangold, Radies, Rettich, Rote Rübe, Weiß- und Wirsingkohl.

Um schädliche Nebenwirkungen der Düngung möglichst auszuschließen, wird im biologischen Gartenbau auf organische Düngemittel und auf natürliche mineralische Dünger zurückgegriffen. Diese wirken im Vergleich zu den leichtlöslichen Mineraldüngern wesentlich langsamer und versorgen dadurch die Pflanzen mit einem gleichmäßigen Nährstoffstrom. So kommt es kaum zu einer zeitweiligen Überdüngung der Pflanzen.

Die Wirkung der Mikronährelemente in der Pflanze: Mikronährelemente oder Spurenelemente werden von den Pflanzen nur in sehr geringen Mengen benötigt. Ein Mangel führt zu Störungen des pflanzlichen Stoffwechsels.

Da bereits »Spuren« für ein optimales Wachstum ausreichen, können bei einer willkürlichen Düngung leicht Schäden durch Überdosierung auftreten. Deshalb sollten Mikronährelemente vom Hobbygärtner nur dann angewendet werden, wenn die Bodenanalyse latenten Mangel anzeigt. Teilweise ist der Nährstoffmangel bereits durch Veränderung der Bodenfeuchtigkeit oder des pH-Wertes des Bodens zu beheben.

Mikronährelemente sind meist in organischen Düngemitteln, vor allem in einem gut gepflegten Kompost in ausreichender Menge und günstiger Zusammensetzung enthalten. Besteht trotzdem der Verdacht auf eine gewisse Unterversorgung, ist es vorteilhaft, spurenelementreiches Algen- oder Steinmehl bei der Kompostierung zuzugeben.

Sicherung einer optimalen Nährstoffversorgung: Es ist notwendig, die Düngung dem Pflanzenbedarf anzupassen. Das setzt die Kenntnis einiger grundlegender Naturgesetze voraus.

• Bereits Justus von Liebig stellte Mitte des vorigen Jahrhunderts fest, daß sich die einzelnen Nährelemente nicht gegenseitig ersetzen lassen. Vielmehr begrenzt das im Minimum befindliche Element das Pflanzenwachstum. Erst wenn dieses den Pflanzen verabreicht wird, ist ein besseres Wachstum möglich. In den Kleingärten sind die Böden meist ausreichend mit Phosphor und Kalium versorgt, so daß häufig der Stickstoff der begrenzende Faktor ist und bei der Düngung am stärksten beachtet werden muß.

Durch gute Luftzufuhr wird im Kompostsilo der Verrottungsprozeß beschleunigt. Kompost ist unentbehrlich für die Bodenverbesserung

• Kurz nach der Jahrhundertwende formulierte Eilhard Alfred Mitscherlich das Gesetz vom abnehmenden Ertragszuwachs. Es besagt, daß je höher das Angebot an Nährstoffen ist, desto geringer wird der Ertragszuwachs durch eine weitere Düngung sein. Also ist es wesentlich, eine dem Pflanzenbedarf angepaßte Düngermenge zu geben, durch welche ein gesundes, aber nicht zu intensives Pflanzenwachstum erfolgt. Vor allem muß diese Düngergabe zu einem Zeitpunkt verabreicht werden, zu dem die Pflanze einen hohen Nährstoffbedarf hat. Düngergaben außerhalb der Wachstumszeit werden nicht genutzt und belasten nur die Umwelt.

• Um den Nährstoffgehalt des Bodens festzustellen, muß dieser untersucht werden. Dazu gibt es verschiedene Hobbygarten-Bodentests, die dem Gärtner wichtige Hinweise geben können. Ihre Anwendung ist häufig recht schwierig und die Ergebnisse sind nicht immer exakt. Deshalb empfiehlt sich die Bodenuntersuchung in einem offiziellen Labor. Von ihm erhält man Anleitung zur korrekten Entnahme der Proben. In der Regel reicht eine Untersuchung auf Stickstoff, Phosphor, Kalium, Magnesium und den pH-Wert des Bodens. Angegeben wird nicht nur der Nährstoffgehalt, sondern es werden auch auf den Bodentyp abgestimmte Düngeempfehlungen gegeben. Diese Bodenuntersuchungen sollten zumindest alle 2 Jahre in den Monaten Oktober/November, spätestens zu Beginn der Vegetationsperiode durchgeführt werden.

• Im allgemeinen sollen organische und mineralische Düngemittel gemeinsam angewendet werden, da sie sich in ihrer Wirkung ergänzen. Im biologischen Anbau hingegen wird die Pflanze nicht direkt mit leichtlöslichen mineralischen Düngern ernährt, sondern indirekt über organisches Material, das von den Bodenlebewesen humifiziert und mineralisiert wird. Dabei werden nicht nur Nährstoffe freigesetzt, sondern es werden von den Mikroorganismen auch Stoffe gebildet, deren Aufnahme die Widerstandsfähigkeit der Pflanzen steigert.

Langzeitdünger: Besonders bei Topf- und Containerkultur kann das Pflanzsubstrat die Pflanzennährstoffe nicht über die gesamte Vegetationszeit in ausreichendem Maße nachliefern, da die Sorptionskapazität der Bodenteilchen begrenzt ist. Deshalb müssen die Substrate möglichst oft und nicht zu reichlich nachgedüngt werden. Jede Nachdüngung schafft für die Pflanze eine gewisse Streßsituation, denn nach der Düngung stehen die Nährstoffe überreichlich, Ende des Zeitraumes aber in zu geringem Maße zur Verfügung.

Um bei der Düngung derartig stoßartige Nährstoffangebote zu vermeiden, hat die Industrie Langzeitdünger in verschiedener Form, als synthetisch-organische Verbindungen oder als kunstharzumhüllte Granulate entwickelt. Diese geben die Nährstoffe langsam und gleichmäßig an das Substrat ab, so daß bei exakter Anwendung weder die Gefahr der zeitweisen Über-

dosierung noch der Unterversorgung auftritt. Langzeitdünger dürfen dem Pflanzsubstrat erst kurz vor dessen Verwendung zugesetzt werden, damit sie ihre Nährstoffe nicht bereits abgeben, wenn noch keine Vegetation vorhanden ist; denn auf diese Weise würden bei späterer Pflanzung Überdüngungserscheinungen, wie Wurzelschäden usw. auftreten.
Die langfristig wirkenden Naturdünger, wie Hornspäne, können bereits einige Zeit vor der Verwendung des Substrates beigegeben werden, da sie zunächst von den Mikroorganismen ab- und umgebaut werden.

Anforderungen der Pflanzen an ein gutes Pflanzsubstrat: Zur Zeit mischt der Erwerbsgärtner seine Erden (Pflanzsubstrate) kaum noch selber. Er verwendet Fertigerden für seine Kulturen, die industriell hergestellt und deshalb als Industrieerden bezeichnet werden. Auch dem Hobbygärtner und Pflanzenliebhaber werden diese Substrate in Kleinpackungen für Topfpflanzen, Balkonkästen und Pflanztröge angeboten. Um ein gutes Wachstum der Pflanzen zu ermöglichen, müssen sie folgende Voraussetzungen erfüllen:
• Sie sollen ein gutes Gefüge (Struktur) haben. Dieses soll so beschaffen sein, daß Wasser und Nährstoffe festgehalten werden, gleichzeitig aber ausreichend Hohlräume für die Bodenluft bieten. Wasser und Nährstoffe werden vor allem von den Feinteilen des Substrates gespeichert, die jedoch die Bodenluft verdrängen. Deshalb muß ein gutes Pflanzsubstrat neben den feinen auch gröbere, möglichst lange Zeit stabil bleibende Bestandteile enthalten, die eine gute Luftführung ermöglichen. Fein- und Grobteile müssen im Substrat in einem ausgewogenen Verhältnis zueinander stehen.
• Das Pflanzsubstrat muß außerdem eine gute Pufferfähigkeit aufweisen. Als Pufferung kann der Widerstand eines Bodens gegen eine Veränderung der Bodensäure angesehen werden. Diese Bodensäure, die durch den pH-Wert ausgedrückt wird, wird im Pflanzsubstrat durch das Gießwasser verändert, das einen unterschiedlichen Kalkgehalt besitzt. Die meisten Pflanzen gedeihen in einem Substrat, das einen schwach sauren Wert (pH 5,5 bis pH 6,5) aufweist. Gemüsepflanzen bevorzugen Werte über pH 6.

Strukturstabilität, Festhaltevermögen für Nährstoffe (Sorptionsstärke) und eine gute Pufferung wird bei Industrieerden durch Mischung verschiedener Bestandteile mit unterschiedlichen physikalischen Eigenschaften erzielt. Ton ist z. B. sorptionsstark und speichert dementsprechend Nährstoffe, Weißtorf sorgt für gute Durchlüftung und ein gutes Wasserhaltevermögen, Rindenhumus liefert Dauerhumus und Nährhumus für ein reiches Bodenleben.

Erdelose Verfahren

Bei den erdelosen Verfahren, meist auch zusammenfassend als Hydrokultur bezeichnet, werden Pflanzen außerhalb des Bodens und außerhalb gärtnerischer Erden angebaut. Sie stehen entweder in einem sterilen Substrat, z. B. Kies, das von Nährlösung getränkt ist oder ihre Wurzeln liegen in reiner Nährlösung.
• Bei diesen erdelosen Verfahren kann die Nährlösung besser an die Bedürfnisse der Pflanzen angepaßt werden, da unkontrollierbare Wechselwirkungen zwischen Boden und Pflanze ausgeschlossen sind. Daraus ergeben sich folgende Vorteile der Hydrokultur gegenüber der Erdkultur:

- ▶ Die Nährlösung sichert eine kontinuierliche Wasser- und Nährstoffversorgung der Pflanzen.
- ▶ Die Pflegemaßnahmen sind einfach. Durch den reichlichen Wasser- und Nährstoffvorrat entfällt das tägliche Gießen und Düngen.

Dem stehen auch einige Nachteile gegenüber:

- ▶ Die Nährstoffgaben müssen exakt bemessen sein, da die ausgleichende Wirkung des Bodens fehlt und die überschüssigen Nährstoffe nicht von den Bodenteilchen sorbiert werden können, sondern sich frei in der Nährlösung befinden und dadurch das Wurzelwachstum schädigen können.
- ▶ Während der Kulturzeit ist eine regelmäßige Kontrolle der Nährlösung notwendig, weil diese durch Nährstoffaufnahme der Pflanzenwurzeln in ihrer Zusammensetzung und ihrem pH-Wert verändert wird.
- ▶ Außerdem müssen Möglichkeiten geschaffen werden, die Wurzelatmung zu gewährleisten. Die Lösung muß also in regelmäßigen

Nur wenn der Hobbygärtner die Bodenansprüche seiner Pflanzen genau kennt, kann er erfolgreich sein: Möhren benötigen leichte, tiefgründige und humose Böden

Abständen angestaut und wieder abgelassen werden.

- Leichter als auf größeren Flächen sind die genannten Probleme bei Topfkultur in den Griff zu bekommen. Mit den handelsüblichen Spezialdüngern läßt sich für die entsprechende Pflanzenart die richtig zusammengesetzte Nährlösung relativ leicht herstellen. Die Pflanzen werden in ein Pflanzgefäß gesetzt, das in einen Übertopf gestellt wird. In diesen wird die Nährlösung gegeben. Der Nährlösungsstand ist im Topf wöchentlich am Wasserstandsmesser zu prüfen. Er sollte so hoch sein, daß die Wurzeln mit ihren Spitzen 2 bis 4 cm in die Lösung reichen, den höher gelegenen Wurzelabschnitten aber genügend Luft zur Atmung zur Verfügung steht. Bei Bedarf ist lauwarmes Wasser zuzugeben. Da sich die Zusammensetzung der Nährlösung durch den Verbrauch der Pflanze verändert, ist sie bei Flüssigdüngern und pulverförmigen Nährstoffgaben alle 6 bis 8 Wochen, bei Langzeitdüngern (Ionenaustauschern) alle 4 bis 6 Monate zu erneuern. Übertopf und Substrat des Pflanzgefäßes sind mit lauwarmem Wasser auszuspülen, um auskristallisierte Salze zu beseitigen, da diese sonst den Nährstoffgehalt der Lösung verfälschen würden.

7 Die Sproßachse

Hauptorgan des Stofftransports – Wachstumsregulierung, Winterhärte und Frostschutz

Aus der Keimsproßknospe des Embryos entwikkelt sich der Sproß. Er besteht aus der Sproßachse (Stengel) und den von dieser gebildeten Blättern. In der Sproßachse sind Prozesse des Stofftransports und des Wachstums lokalisiert.

Bau der Sproßachse und Sproßwachstum

Die Sproßachse vergrößert das Sproßsystem, indem sie in die Länge wächst und Seitenzweige ausbildet. Sie hat außerdem die Aufgabe, Wasser und Nährstoffe von der Wurzel zu den Blättern und organische Stoffe vorwiegend in entgegengesetzter Richtung zu leiten. Außerdem dient sie als Speicherorgan für Reservestoffe.

Sproß-Wurzel-Verhältnis: Wurzel und Sproß sind aufeinander angewiesen. Die Sproßachse bildet ein Gerüst, das Blätter, Blüten und Früchte tragen kann. Sie vergrößert dabei den oberirdischen Lebensraum der Pflanze. Gleichzeitig wächst die Wurzel im Boden immer weiter und erschließt dabei den Einzugsbereich für Wasser und Nährstoffe. Sie ist aber nur lebensfähig, wenn sie vom Sproß die notwendigen energiereichen organischen Verbindungen, vorwiegend Kohlenhydrate, erhält. Verschiedene Wachstumsregulatoren stimmen die Stoffproduktion von Wurzel und Sproß aufeinander ab.

• Während die Wurzelentwicklung nach der Keimung gegenüber der Sproßentwicklung zunächst vorherrscht, wird später das Sproßwachstum stärker gefördert. Bei jungen Pflanzen beträgt der Mengenanteil der Wurzel gegenüber dem Sproß zunächst etwa 50 % der Trockenmasse. Dieses Verhältnis verändert sich im Laufe der Entwicklung, so daß bei älteren Pflanzen etwa 15 % Wurzelmasse vorhanden sind.

• Im Obstbau begünstigt ein ausgeglichenes Sproß-Wurzel-Verhältnis die Ertragsbildung. Jedoch geht bereits beim Roden des jungen Baumes in den Baumschulen dieses Verhältnis verloren, da die aktiven, für die Stoffaufnahme wichtigen Faserwurzeln fast völlig dem Rodevorgang zum Opfer fallen. Um den jungen Baum nach dem Auspflanzen nicht austrocknen zu lassen, ist es wichtig, das Gleichgewicht Sproß:Wurzel durch den Pflanzschnitt der Zweige annähernd wieder herzustellen. Das genügt jedoch nicht; eine Abdeckung der Baumscheibe mit Stalldung oder Kompost verhindert das Austrocknen des Bodens und erleichtert es den stark beschädigten Wurzeln, ihre Funktionen erneut zu erfüllen. Es ist vorteilhaft, frostfeste Gehölze im Herbst zu pflanzen, damit sich das Wurzelsystem bereits bis zum Frühjahr regenerieren kann.

Jedoch kann es auch im Verlauf des weiteren Wachstums des Baumes zu vielfältigen Störungen im Gleichgewicht Sproß:Wurzel kommen Bei der tiefgründigen Bodenbearbeitung werden zwangsläufig etwa 50 % der Faserwurzeln vernichtet. Der Baum ist daher gezwungen, Teile des Wurzelsystems zu erneuern. Dabei paßt sich die Krone durch schwächeren Wuchs und

einen geringeren Ertrag dieser fehlerhaften Bodenbearbeitung an.
Andererseits führt ein starker Rückschnitt der Krone zu einem Übergewicht der Wurzel. Der Baum versucht das Gleichgewicht dadurch zu erhalten, daß er kräftige, überlange Triebe vor allem an den Astenden und reichlich viel Wasserschosse im Inneren der Krone bildet.
Ob im Baum ein physiologisches Gleichgewicht zwischen Wurzel und Sproß besteht, wird dadurch erkennbar, daß ausreichend Triebe für die ständige Erneuerung der Krone vorhanden sind und daß die Fruchtbarkeit des Baumes dem Standort und der Sorte entsprechen. Durch vielfältige Pflegemaßnahmen, wie Abstechen einiger Wurzeln oder reichliche Stickstoffgabe und Zusatzbewässerung u.ä. kann man den Baum dabei unterstützen, dieses Gleichgewicht zu finden.

Gliederung der Sproßachse: Die Sproßachse ist stark gegliedert und reich verzweigt.
• Der Vegetationspunkt der Sproßachse bildet zusammen mit der jungen Blattanlage die Terminal- oder Endknospe. Das Längenwachstum geht vom Vegetationspunkt aus. Während die

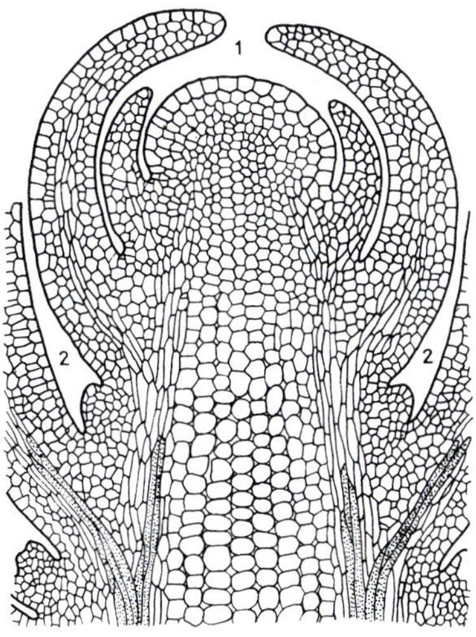

Sproß-Vegetationspunkt:
1 *Vegetationspunkt der Hauptachse*
2 *Vegetationspunkte der Nebenachsen*

Rosenkohl: In den Blattachseln sitzen die Seitenknospen, die in diesem Fall als „Röschen" ausgebildet sind

Zellen der Endknospe bereits vor der Ruhezeit durch Zellteilung entstanden sind, erfolgt die Zellstreckung in der Vegetationszeit durch Wassereinlagerung und Vakuolenbildung.
• Die Sproßachsen von Kräutern bleiben verhältnismäßig weich, saftig und krautig. Je nach Lebensdauer werden sommereinjährige oder sommerannuelle (Beispiel: Sommerblumen), wintereinjährige oder winterannuelle (Beispiel: Stiefmütterchen), zweijährige oder bienne (Beispiel: Bartnelken) und ausdauernde oder perennierende (Beispiel: Rittersporn) Pflanzen unterschieden.
Auch bei Bäumen und Sträuchern ist der Jahrestrieb zunächst noch krautig und nimmt an der Assimilationstätigkeit teil. Bald jedoch verholzt er und erhält durch Verkorkung der äußeren Rindenschicht eine für die Pflanzenart und -sorte charakteristische Farbe.
• Unterhalb des Vegetationspunktes ist die Sproßachse in beblätterte Knoten und nackte Zwischenknotenstücke gegliedert. In den Blattachseln sitzen die Seiten- oder Achselknospen. Bäume und Sträucher können im unbelaubten

Zustand nach Form, Farbe und Stellung der Knospen bestimmt werden. In einer gewissen Entfernung von der Sproßspitze treiben die Seitenknospen aus und bilden Seitentriebe.

• Beim beblätterten Stengel befindet sich zwischen den Knoten stets ein relativ langes Zwischenknotenstück. Stehen die Knoten dicht an dicht, fehlt also dieses Zwischenknotenstück, entsteht eine Rosettenpflanze (Beispiel: Tausendschön), streckt sich das Zwischenknotenstück sehr stark, spricht man von einem Schaft (Beispiel: Blütenschaft des Rittersterns).

• Auch bei Gehölzen kann das Streckungswachstum der Zwischenknotenstücke an den Zweigen recht unterschiedlich sein. Es lassen sich danach Lang- und Kurztriebe unterscheiden. Langtriebe bewirken den Aufbau des Kronengerüstes und tragen vorwiegend Holzknospen. Aus den Seitenknospen der Langtriebe, meist an ihrem unteren Abschnitt, gehen die Kurztriebe hervor. Sie sind gestaucht, ihre Blätter stehen gedrängt. Im Obstbau werden die Obstarten als blühwillig bezeichnet, die frühzeitig an Langtrieben Blütenknospen bilden, wie Pfirsich und Sauerkirsche. Als weniger blühwillig gelten Süßkirsche und Pflaume, die seitenständig am Grund von Langtrieben sowie Kurztrieben Blütenknospen tragen. Blühschwierig sind Apfel und Birne, da sie häufig erst an mehrjährigen Kurztrieben endständig Blütenknospen bilden.

Dickenwachstum der Sproßachse: Die Obstgehölze unserer Gärten gehören zu den zweikeimblättrigen Pflanzen. Schneidet man einen jungen Trieb quer durch, erkennt man bei stärkerer Vergrößerung innerhalb des Zentralzylinders die Leitbündel. Sie bestehen aus Bastteil und Holzteil. Zwischen beiden ist das als Kambium bezeichnete Bildungsgewebe eingelagert. Dieses spielt bei Veredlungen als Verwachsungsstelle beider Pfropfpartner eine Rolle.

• Nachdem sich in der Sproßachse alle Gewebe gebildet haben, ist das Kambium auf dem Sproßquerschnitt als Ring erkennbar. Dreidimensional gesehen bildet es also einen geschlossenen Zylindermantel, von dem das Dickenwachstum der Sproßachse ausgeht. Die Kambiumzellen liefern nach innen neue Elemente des Holz-, nach außen des Bastteils. Durch diesen Prozeß verbreitern und verstärken sich die Leitbündel. Auf diese Weise wächst die Sproßachse in die Dicke. Treten Wildschäden an Stämmen von Obstbäumen auf, so werden sie mit Baumwachs oder Lehmbrei verschlossen. Unter diesem Verband bildet das Kambium ein Wundgewebe (Kallus), das die Wunde überwallt und schützt. Ist bei jungen Obstbäumen die Rinde ringsum vom Wild abgenagt, wird der Strom der organischen Stoffe zwischen Wurzel und Sproß verhindert. Solche Bäume können durch Saftbrücken gerettet werden. Reiser werden an beiden Enden abgeflacht und unter den oberen und unteren Wundrand geschoben. Sie verwachsen mit der Kambiumschicht und verbinden dadurch die beiden Rindenteile und die darunter liegenden Bastteile miteinander.

a

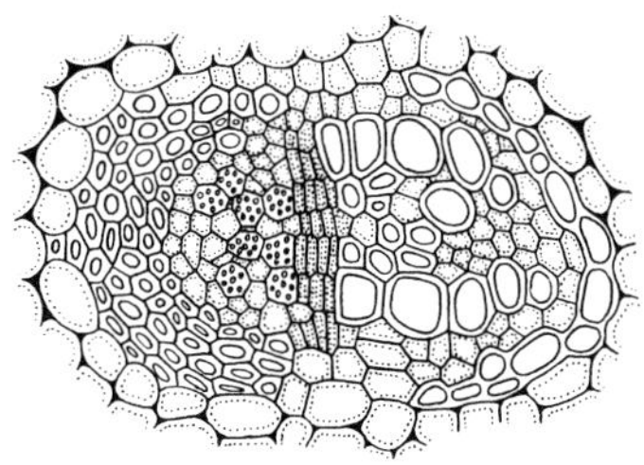

b

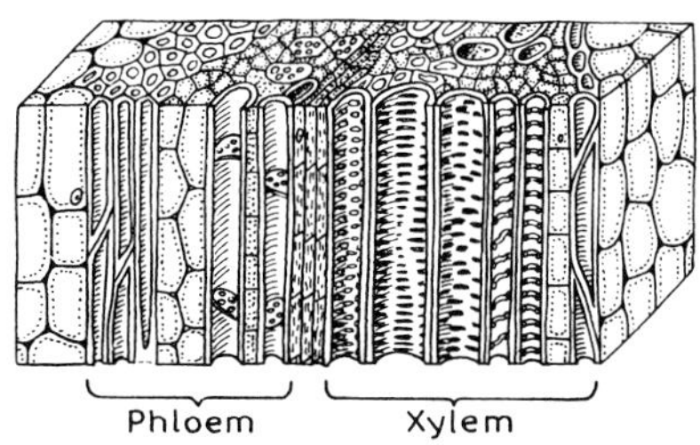

Leitbündel einer zweikeimblättrigen Pflanze:
a *im Querschnitt;* b *im Längsschnitt*
links Bastteil, rechts Holzteil, dazwischen die schmalen Zellen des Kambiums

• Der Kambiumring bildet im Frühjahr, zur Zeit des erhöhten Wasserbedarfs, nach innen weitlumige Gefäße (Frühholz) und im Spätsommer englumige Gefäße (Spätholz). Auf diese Weise entstehen die Jahresringe, an deren Stärke man nachträglich die Witterung eines Jahres rekonstruieren kann.

• Nach außen bildet das Kambium den Bast. Dieser ist relativ dünn und liegt unter dem Rindengewebe. Sehr bald bilden sich in diesen äußeren Geweben dünne Korkschichten, so daß sie absterben und als Borke den Stamm wasserdicht abschließen. Die tote Borke reißt, da sie sonst das weitere Dickenwachstum hindern würde. Sie stellt einen guten Schutz vor Witterungsunbilden und bis zu einem gewissen Grad gegen mechanische Beschädigungen dar. Bei alten Gehölzen löst sie sich in Schuppen oder Streifen. Unter diesen Borkenschuppen überwintern nicht nur Obstschädlinge, sondern auch Sporen von Krankheitserregern. Es ist deshalb günstig, sie im Winter abzukratzen und die Abfälle auf einem darunter liegenden Tuch zu sammeln und anschließend zu vernichten. Die lebende Rinde oder die darunter liegende Kambiumschicht dürfen dabei nicht beschädigt werden.

Längenwachstum des Sprosses und Beeinflussungsmöglichkeiten: Im Gegensatz zur Wurzel ist die Streckungszone des Sprosses ziemlich lang. Sie kann über 50 cm betragen.

• Die Triebspitzen enthalten meristematisches Gewebe, das zeitlebens teilungsfähig bleibt. Hinter dem Vegetationskegel strecken sich die Zellen, lagern Wasser ein und bilden Vakuolen. Dabei gehen sie in Dauerzellen des Sprosses über und bilden dessen Gewebe. Wenn sie nicht stark differenziert sind, können sie aber auch in diesem Stadium wieder zur Teilung gebracht werden. Auf diese Weise entsteht z. B. an Wundstellen aus Geweben des Kambiums und aus undifferenzierten Gewebezellen das Wundgewebe, durch welches die beschädigten Stellen überwallt werden.

• Das Längenwachstum der Sproßachse der Pflanze kann durch Wachstumsregulatoren beeinflußt werden. Gibberelline sind Wachstumsregulatoren, die zur Verlängerung der Zwischenknotenstücke beitragen. Durch ihren Einsatz sind also lange Pflanzen zu erzielen. Für den Gärtner ist es allerdings wichtig, die Pflanzen zu »stauchen«. Durch den Einsatz von Stauchemitteln (Retardanten) werden die Längen der Zwischenknotenstücke verkürzt: Die Knoten folgen also in dichterer Folge aufeinander und die Pflanzen werden buschig. Auf diese Weise wird z.B. der Chinesische Roseneibisch

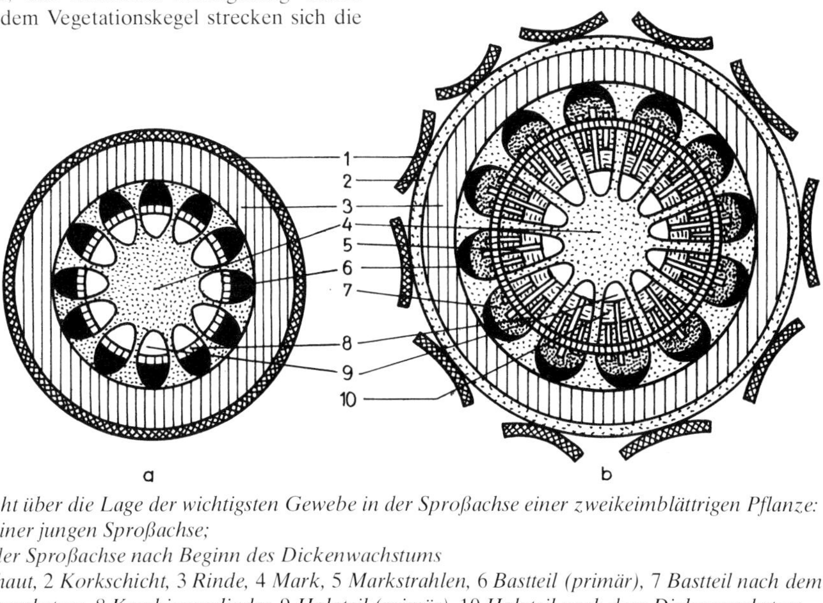

Übersicht über die Lage der wichtigsten Gewebe in der Sproßachse einer zweikeimblättrigen Pflanze:
a *Bau einer jungen Sproßachse;*
b *Bau der Sproßachse nach Beginn des Dickenwachstums*
1 *Oberhaut,* 2 *Korkschicht,* 3 *Rinde,* 4 *Mark,* 5 *Markstrahlen,* 6 *Bastteil (primär),* 7 *Bastteil nach dem Dickenwachstum,* 8 *Kambiumzylinder,* 9 *Holzteil (primär),* 10 *Holzteil nach dem Dickenwachstum*

gedrungen gehalten. Für den Hobbygärtner ist das deshalb interessant, weil die Stauchemittel mit der Zeit in der Pflanze abgebaut werden und man diese Pflanzen nicht in einer derartig verkürzten Form weiterziehen kann: Im Zimmer weiterkultivierter Eibisch wächst zu einem Strauch mit langen Zweigen heran.

Transportprozesse in der Sproßachse

Die Sproßachse besitzt in den Leitbündeln ein leistungsfähiges Transportsystem.

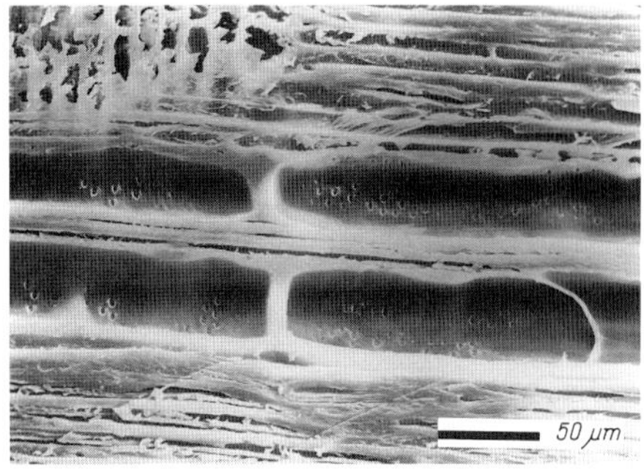

Gefäße des Holzteils eines Birnbaums

Transportprozesse im Holzteil der Leitbündel: In den Gefäßen des Holzteils werden vor allem Wasser, Nährstoffe und Produkte des Wurzelstoffwechsels mit einer Geschwindigkeit von durchschnittlich etwa 1 m pro Stunde vom Boden bis in die äußersten Spitzen des Sprosses befördert. Die Transportkräfte sind vorwiegend der durch Wasserdampfabgabe an der Blattoberfläche bewirkte Transpirationssog, durch den ein zusammenhängender (kohärenter) Wasserfaden nach oben gesaugt wird.

Besonders zu Zeiten hoher Transpiration stehen die Gefäße des Holzteils durch den Transpirationssog unter einem starken negativen Druck. Werden sie zu dieser Zeit z. B. beim Ernten von Schnittblumen zerschnitten, wird Luft in die Gefäße nachgesaugt und die Kohäsion der Wassermoleküle wird zerstört. Der Pflanzenteil ist dadurch nicht mehr in der Lage, Wasser nachzuziehen. Aus diesem Grunde welken in der Mittagshitze geschnittene Blumen eher als solche, die zur Zeit der Wassersättigung geschnitten werden.

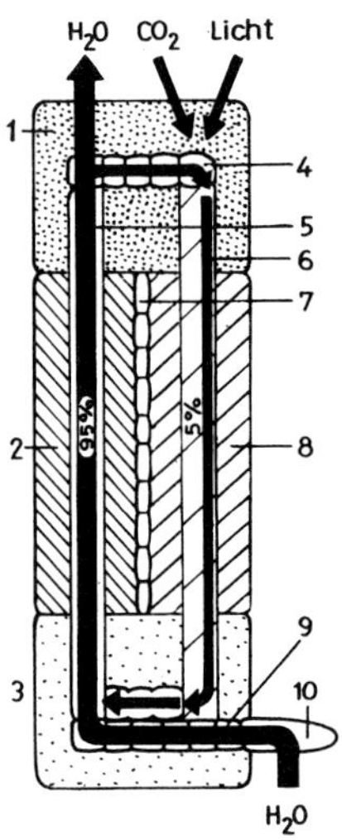

Transportprozesse in der Sproßachse (Schema): 1 Blatt, 2 Holz, 3 Wurzel, 4 Blattgewebe, 5 Gefäße des Holzteils, 6 Siebröhren des Bastteils, 7 Kambium, 8 Bast, 9 Wurzelzellen, 10 Wurzelhaar

Transportprozesse im Bastteil der Leitbündel: Im Gegensatz zu den Gefäßen des Holzteils sind die Siebröhren des Bastteils langgestreckte Zellen, aber keine durchgehenden Röhren. In ihnen werden vor allem Grundbausteine organischer Verbindungen von den Bildungsorten in den grünen Pflanzenteilen zu den Wurzeln und Speicherorganen, aber auch zu den Vegetationspunkten des Sprosses, zu den Blüten, Früchten und Samen transportiert. Um diesen Strom aufrecht erhalten zu können, wirken sowohl beim Übertritt organischer Stoffe aus den Zellen des Blattgewebes als auch beim Austritt dieser Stoffe in die Wurzelzellen oder in das Mark der Speicherorgane Stoffwechselprozesse mit.

Vorwiegend im Herbst findet im Bastteil auch ein Rücktransport der anorganischen Nährstoffe (z. B. Stickstoff- und Phosphor-Verbindungen und Kalium-Ionen) aus den vergilbenden Blättern statt. Diese Beweglichkeit der Nährstoffe zur Basis der Pflanze ist auch in der Vegetationszeit vorhanden und ermöglicht, daß durch Blattdüngung aufgenommene Nährstoffe zu den Wurzeln transportiert werden.

Die Regulierung der Prozesse in der Sproßachse

Der Strom der in der Sproßachse transportierten Stoffe wird von verschiedenen Wachstumsregulatoren beeinflußt.

Wirkung einiger Wachstumsregulatoren: Die Wachstumsregulatoren wirken im allgemeinen nicht isoliert, sondern fördern oder hemmen sich in ihrer Wirkung. Für die Prozesse in der Sproßachse und ihre Koordinierung spielen vor allem Auxine und Gibberelline eine Rolle.

- Auxine entstehen vor allem in der Endknospe des Sprosses. Der Transport verläuft von der Spitze der Pflanze zu ihrer Basis. Dabei werden die Auxine abgebaut. Ihre Wirkung ist dementsprechend konzentrationsabhängig, wobei die verschiedenen Organe unterschiedlich empfindlich reagieren. Auxine beeinflussen sowohl die Zellteilung als auch vorwiegend das Streckungswachstums streckungsbereiter Zellen. Der von der Endknospe ausgehende Auxinstrom löst zwar die Streckung der Sproßachse aus, hemmt aber den Austrieb von Seitenknospen. In einer bestimmten Entfernung von der Sproßspitze ist er so weit abgebaut, daß erst hier die Seitenknospen zum Austrieb angeregt werden. Das Wurzelwachstum hingegen wird von einer noch viel geringeren Auxin-Konzentration beeinflußt.
- Gibberelline werden in jungen Blättern, in wachsenden Früchten, vor allem aber in den Wurzelspitzen synthetisiert. Sie regen meist gemeinsam mit Auxinen Zellteilung und Zellstrekkung an. Im Unterschied zu den Auxinen fördern sie vorwiegend das Schossen, also die Bildung langgestreckter Sproßachsen mit verlängerten Zwischenknotenstücken.
- Wachstumsregulatoren beeinflussen die Prozesse der Formbildung der Pflanze sehr stark. Durch ihre Wirkung herrscht z. B. das Wachstum des Haupttriebes über die Bildung von Seitentrieben vor. Die Vegetationspunkte, als Orte hoher Konzentration von Wachstumsregulatoren, wirken stark anziehend auf den Transport von Nährstoffen und organischen Stoffen, speziell von Stickstoffverbindungen. Das läßt sich häufig bei Zimmerpflanzen beobachten. Werden sie nicht ausreichend mit Stickstoff versorgt, so erfolgt zwar ein weiteres Wachstum des Haupttriebes, aus Mangel an Bodenstickstoff werden dann die Stickstoffverbindungen der unteren Blätter aktiviert, so daß in diesen das Eiweiß abgebaut wird und die Blätter vergilben und absterben.

Stutzen der Pflanzen und Stecklingsbewurzlung: Wird von einer Pflanze der Haupttrieb gestutzt, so ist für eine gewisse Zeit die Vorherrschaft der Sproßspitze aufgehoben. Die Konzentration der Wachstumsregulatoren wird schlagartig geringer. Damit können die oberen, zunächst von Wirkstoffen gehemmten Seitenknospen austreiben, und der Stickstoff wird zu diesen Seitenknospen geleitet. Auf diese Weise erhält die Pflanze einen buschigen Wuchs, bis einer der Seitentriebe wieder die Vorherrschaft übernimmt und nun seinerseits den Austrieb weiterer Seitentriebe durch erhöhte Auxinproduktion hemmt. Um z.B. Azaleen, die vom Hobbygärtner weiterkultiviert werden sollen, in den folgenden Jahren buschig zu halten, müssen nach der Blüte, spätestens bis Anfang Juni, die Kronen dadurch formiert werden, daß die beblätterten Triebe etwa auf die gleiche Höhe zurückgenommen werden. Nach dieser Maßnahme treiben die Seitenknospen dieser Triebe aus und die Pflanze verzweigt sich erneut, so daß die Azalee von Jahr zu Jahr einen breiter ausladenden Strauch bildet. Übrigens lassen sich Azaleen gut über die Sommerzeit im Garten kultivieren, wenn sie an einem halbschattigen Standort in den Boden eingefüttert und mit einer Mulchdekke versehen werden, welche die Feuchtigkeit im Topfballen zurückhält. Regelmäßiges Gießen und Übersprühen tut den Pflanzen gut und fördert den Ansatz von Blütenknospen.

- Die beim Stutzen gewonnenen krautigen Triebe eignen sich zur Vermehrung. Auf diese Weise kann der Hobbygärtner viele Zimmerpflanzen in Wasser (Beispiel: Zimmerlinde) oder in Substrat (Beispiel: Pelargonie) zur Wurzelbildung bringen und sich damit die Freude an den von ihm selbst kultivierten Pflanzen erhöhen.

Wechselwirkung der Wachstumsregulatoren bei Obstgehölzen: Im Frühjahr geht der Start für Wachstum und Entwicklung eines Gehölzes von den Wurzeln aus.

- Durch die Bodenwärme wird die Bildung von Wachstumsregulatoren, speziell von Gibberellinen in der Wurzel gefördert. Damit sind Voraussetzungen gegeben, daß wichtige Enzyme aktiviert werden. Diese spalten die Makromoleküle organischer Verbindungen. Die Spaltprodukte sind wasserlöslich und können auf diese Weise im stärker werdenden Saftstrom durch die Sproßachse zu den Knospen transportiert werden. Die nach oben wandernden Wachstumsregulatoren regen die Zellteilung und vor allem die Zellstreckung an. Es kommt zum Knospenaustrieb und im Anschluß daran zur Bildung von Blättern und Trieben.

In Lagen, die im Frühjahr frostgefährdet sind, ist es bei einigen Obstarten wichtig, die Blütenbildung zu verzögern. Wird der gefrorene Boden um die Baumscheibe in den letzten kalten Tagen mit Stroh oder Laub abgedeckt, hält sich die Kälte länger im Boden, so daß die Bildung von Wachstumsregulatoren und damit der Austrieb und die Blütenbildung verzögert werden. Auf diese Weise setzt die Baumblüte erst nach den letzten Frostnächten des Jahres ein.

- Die austreibenden Blätter beginnen mit der Photosynthese. Jedoch produzieren sie noch nicht genügend organische Stoffe für das weitere Wachstum. Deshalb haben die Auxine, die in den Vegetationspunkten vorerst in geringer Konzentration gebildet werden, die Funktion, das Wurzelwachstum zu fördern. Von den Wurzeln werden dadurch mehr Wasser und Nährstoffe aufgenommen und weiterhin organische Reservestoffe aktiviert. Außerdem setzt eine stärkere Bildung das Sproßwachstum fördernder Gibberelline ein. Die Triebe strecken sich, die Assimilation verstärkt sich und die Auxinproduktion steigt.

Diese Beziehungen führen schließlich dazu, daß die Auxinmenge die für das Wurzelwachstum optimale Konzentration überschreitet. Dadurch wird das Wurzelwachstum und damit die Gibberellinproduktion gedrosselt. Als Folge wird die Streckung des Triebes und die damit gekoppelte Auxinproduktion gehemmt. Etwa Ende Juni ist damit der Abschluß des Frühjahrsaustriebes erreicht, und es tritt eine kurze Sommerruhe ein.

- Durch das Absinken des Auxinspiegels steigt die Aktivität der Wurzeln. In ähnlicher Weise wie im Frühjahr pegelt sich die Produktion von Wachstumsregulatoren ein, so daß der schwächere »Johannistrieb« einsetzt.
- Kurz vor Ende der Vegetationsperiode wird als spezifischer Hemmstoff die Abscisinsäure gebildet. Dadurch erlischt allmählich das Wachstum und die sich im Verlauf des Sommers bildenden Endknospen treten in den Ruhezustand ein, der zur Zeit der kürzer werdenden Tage allmählich in die Winterruhe übergeht. Dieser Vegetationsabschluß kann bei Ziergehölzen dadurch beschleunigt werden, daß der Wurzelballen im Frühherbst umstochen wird. Das dadurch verringerte Wurzelsystem bildet weniger Gibberelline. Es kommt zu einer früheren Ausbildung der Abscisinsäure, damit zu einem beschleunigten Blattfall und einem verfrühten Ruhestadium der Triebe. Dementsprechend ist auch die Winterruhe eher beendet und die Gehölzzweige treten früher in die erzwungene Ruhe ein und können besser getrieben werden (Beispiel: Flieder).

Überwinterung von Gehölzen: Wenn die Temperaturen in der Pflanze unter 0 °C absinken, besteht die Gefahr, daß der Zellsaft gefriert. Das wäre für die Zellen tödlich. Sie können aber die Konzentration des Zellsaftes erhöhen. Dazu scheiden sie Wasser ab, so daß das Protoplasma schrumpft und sich die Zellmembran teilweise von der Zellwand löst. Gleichzeitig wird durch biochemische Vorgänge die Konzentration des Zellsaftes weiter gesteigert. Dadurch gelingt es frostfesten Pflanzen, auch tiefere Temperaturen schadlos zu überdauern. Auf diese Weise können die heimischen Bäume und Sträucher die Winterkälte überstehen.

- Kiefer, Espe, Zwergbirke, Lärche und Wacholder sowie einige Lebensbaum- und Fichtenarten ertragen in der Winterruhe Temperaturen von −45 °C, hingegen können Zeder, Zypresse, Stechpalme und Magnolie, die bei uns nicht heimisch sind, bereits bei Temperaturen, die wenig unter −10 °C liegen, erfrieren. Oft sind auch nur die gezüchteten Sorten von Ziergehölzen kälteempfindlich, während die Wildformen Kälteperioden gut überwinden. So können altbewähr-

Vlies- und Folienabdeckung fördern das Wachstum der Pflanzen und führen dadurch zur Ernteverfrühung

te Rosensorten teilweise bis −40 °C ertragen, während die modernen Züchtungen häufig bereits bei −15 bis −17 °C Schaden nehmen. In ähnlicher Weise sind heimische Obstbäume und Beerensträucher während der Winterruhe sehr frosthart, während Walnuß, Aprikose, Pfirsich und Wein schweren Frösten nicht widerstehen. Man kann aber die Frosthärte durch eine ausgewogene Nährstoffversorgung mit reichlich Kaligaben erhöhen. Zu früher Obstbaumschnitt verringert die Frosthärte ganz erheblich, deshalb sollte nie vor Ende Januar geschnitten werden.

• Man sollte bei frostgefährdeten Obstgehölzen und Ziergehölzen sehr genau die tiefsten Temperaturwerte der vergangenen Jahre im Garten überprüfen, um festzustellen, ob die Lage des Grundstücks für den Anbau geeignet ist. In kälteren Gegenden sollte man von ihrem Kauf absehen, aber auch in wärmeren Gebieten dürfen sie nicht gerade in Lagen gepflanzt werden, in denen es die meisten Frühjahrsfröste gibt, also in Talböden, Mulden oder Kesseln, die im Volksmund allgemein als Frostlöcher bezeichnet werden.

• Viele als Winterschäden bezeichnete Ausfälle entstehen allerdings nicht durch den Frost, sondern durch den unterbrochenen Stofftransport in der Sproßachse, wodurch die oberirdischen Teile austrocknen. Besonders bei den immergrünen Laub- und Nadelgehölzen verdunstet auch im Winter täglich Wasser, während der Boden keine Nachlieferung gestattet. Also wird das Wasser dem Zellsaft entzogen, wodurch dieser zunehmend konzentrierter wird, bis schließlich der Zelltod eintritt. Diese Immergrünen sollten vor dem Wintereintritt noch einmal kräftig gewässert werden, damit sie ausreichend Wasser in den oberirdischen Teilen speichern können. Für Rhododendron ist auch ein Wind- und Sonnenschutz zu empfehlen.

• Nach Beendigung der tiefen Ruhe ist bei den Gehölzen bereits in den ersten Monaten des Jahres die Austriebsbereitschaft vorhanden. Da diese mit steigender Temperatur deutlich zunimmt, besteht die Gefahr, daß bei warmem Wetter die Säfte bereits vorzeitig steigen. Während sich die südliche Seite eines Baumstammes frühlingshaft erwärmt und ein erster Saftstrom beginnt, bleibt die nördliche Seite hart gefroren. Das führt zu Spannungen, durch welche die Borke der Gehölze reißen kann. Auch Temperaturschwankungen zwischen Tag und Nacht können in ähnlicher Weise wirken. Bestreicht man den Baumstamm mit gelöschtem Ätzkalk oder mit in Fachgeschäften erhältlichen Fertigpräparaten, so werden die Sonnenstrahlen wirkungsvoll reflektiert, und es kommt dadurch nicht zu so starken Temperaturgegensätzen. Das Kalken hat außerdem den Vorteil, daß dadurch Schädlinge vernichtet werden, die unter der Borke überwintern.

Überwintern niedriger Pflanzen: Niedrigwüchsige Pflanzen sind im Winter meist mit einer Schneeschicht bedeckt, die durch ihren hohen Luftgehalt als guter Wärmeisolator wirkt. An der Oberfläche des Schnees liegen die Temperaturen aber oft sehr niedrig, so daß die aus dem Schnee ragenden Teile stark gefährdet sind. Also müssen kälteempfindliche niedrige Pflanzen vollständig mit wärmeisolierenden Materialien wie Stroh, Reisig oder Laub abgedeckt werden. Folien sollte man allerdings möglichst nicht verwenden, da unter ihnen Temperaturen auftreten, welche die Pflanzen zum vorzeitigen Austrieb veranlassen können. Bei Rosen ist die Veredlungsstelle besonders gefährdet. Es wird deshalb empfohlen, bei strauchartigen Rosen die Erde um die Pflanzen etwas anzuhäufeln. Hochstammrosen sind umzulegen und abzudekken. Winterharte Gemüsearten, wie Schwarzwurzel, Spinat, Feldsalat, Mangold, Winterporree, Grün- und Rosenkohl gelten zwar als hart, überwintern jedoch bei einer Abdeckung besonders gut.

8 Das Blatt

Hauptorgan der Wasserabgabe, Stoffbildung und Energietransformation – Optimierung der Lichtnutzung im Garten

Neben Wurzel und Sproßachse ist das Blatt das dritte Grundorgan der Pflanze. Von ihm wird die Wasserabgabe reguliert, in ihm finden wichtige Prozesse der Energietransformation und Stoffbildung statt.

Blattbau

Je nach dem Pflanzenstandort unterscheidet sich der Blattbau recht beträchtlich. Aber auch an ein und derselben Pflanze können die Blätter, entsprechend ihren voneinander abweichenden Funktionen, unterschiedlich ausgebildet sein.

Blattarten: An der Sproßachse bilden sich zunächst die Keimblätter, darauf folgen häufig einfach gebaute Niederblätter oder sofort Laubblätter. In der Blütenregion tragen viele Pflanzen abweichend gebaute Hochblätter.

• Die *Keimblätter* sind in der Regel von einfacherer Gestalt als die Laubblätter und meist kurzlebig. Bleiben sie in der Erde, so ernähren sie lediglich mit den in ihnen enthaltenen oder von ihnen aufgesaugten Reservestoffen die Keimpflanze und gehen dann zugrunde (Beispiel: Erbse). Werden sie aus dem Boden gehoben, so saugen sie nicht nur das Nährgewebe auf, sondern ergrünen oft und führen die erste Photosynthese durch (Beispiel: Radies).

• Am unteren Abschnitt einer Sproßachse oder zu Beginn eines Jahrestriebes sind die *Niederblätter* zu finden. Sie haben meist schuppenförmige Gestalt und besitzen oft eine Schutzfunktion. Knospen (Beispiel: Kastanie) und junge Sprosse (Beispiel: Spargel) werden durch Niederblätter geschützt, so daß sie durch Witterungseinflüsse oder beim Durchbrechen des Bodens keinen Schaden erleiden.

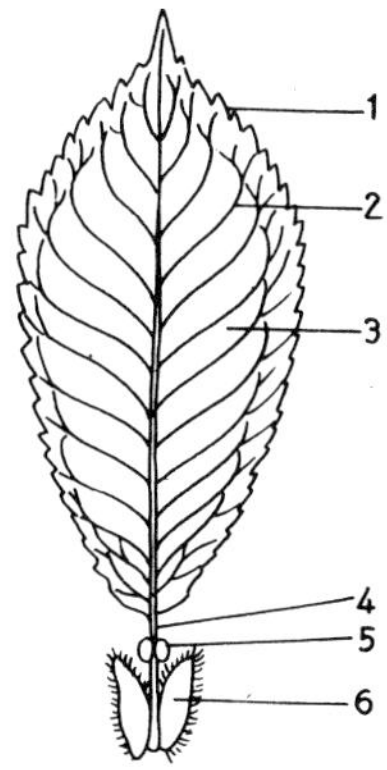

Laubblatt einer Süßkirsche:
1 *Blattrand,* 2 *Blattadern,* 3 *Blattspreite,* 4 *Blattstiel,* 5 *Nektarien,* 6 *vergängliche Nebenblätter*

• *Hochblätter* sind veränderte Blätter der Blütenregion. Oft sind sie unscheinbar, wie bei den Hüllblättern der Blütenkörbe der Korbblütengewächse. Sie können aber auch eine Form und eine Farbe aufweisen, die denen von Blumenblättern ähneln. Bei vielen Pflanzen sind derartig gefärbte Hochblätter besonders haltbar, wie beim Weihnachtsstern, wo sie bis zu einem Vierteljahr überdauern können.

Die Hochblätter schützen die Blütenknospen des Schneeglöckchens beim Durchbrechen des Bodens

• Das typische *Laubblatt* bildet sich aus einem seitlichen Höcker am Vegetationskegel. Aus dem zur Sproßachse gerichteten Abschnitt des Blattes entwickelt sich der Blattgrund, der oft verbreitert ist (Beispiel: Kohlrabi). Aus diesem gehen die für viele Pflanzenfamilien typischen paarigen Nebenblätter hervor (Beispiel: Schmetterlingsblütengewächse). Der sproßferne Teil des Laubblattes entwickelt sich zur Blattspreite: Zwischen Blattgrund und Blattspreite ist in vielen Fällen ein Blattstiel eingeschoben (Ausnahme zum Beispiel: Schwertlilie). Die Blattspreiten der einzelnen Pflanzenarten unterscheiden sich in der Form, der Ausbildung des Blattrandes oder des Grundes der Blattspreite. Sie sind ungeteilt oder fieder- bzw. fingerförmig geteilt und von einem Adernetz durchzogen, das die Leitbündel enthält.

Je nach Standort unterscheidet sich der Blattbau der Pflanzenarten recht beträchtlich. Wasserpflanzen, deren Blattspreite auf der Wasseroberfläche schwimmt, haben oft Blätter mit recht beachtlichen Ausmaßen (Beispiel: Seerose), während Blätter von Pflanzen der gemäßigten Zone meist eine mittlere Größe besitzen, die Blätter der Koniferen nadel- oder schuppenförmig sind und bei Steppen- und Wüstenpflanzen Blätter oft nur bei der Keimung auftreten, sonst aber der Stamm (Beispiel: Kakteen) oder die Zweige (Beispiel: Besenginster) die Funktionen der fehlenden oder kleinen Blätter übernehmen.

Querschnitt durch ein Laubblatt und Überblick über die Prozesse im Blatt: Bei allen Unterschieden im Bau haben die Laubblätter eine weitgehend ähnliche, durch ihre Funktion bedingte innere Struktur. Sie besitzen einen flächigen Bau, bei dem sich Unterseite und Oberseite an die Funktion der Lichtabsorption und des Gasaustausches angepaßt haben.

• Das obere und untere Abschlußgewebe bildet eine lichtdurchlässige, einschichtige Oberhaut (Epidermis), nach außen von einem dünnen Häutchen, der Kutikula, bedeckt. Häufig sind als Transpirationsschutz eine Wachsschicht (Beispiel: Weißkraut) oder ein Flaum abgestorbener Haare (Beispiel: Borretsch) ausgebildet. In einigen Fällen bildet die Oberhaut lebende Papillen, welche z.B. bei Pflanzen feuchtwarmer tropischer Wälder die Oberfläche vergrößern, um die Wasserabgabe zu erhöhen. Solche Pflanzen sind besonders empfindlich gegenüber Sonnenbestrahlung (Beispiel: Usambaraveilchen). Das zwischen den Oberhäuten liegende Gewebe be-

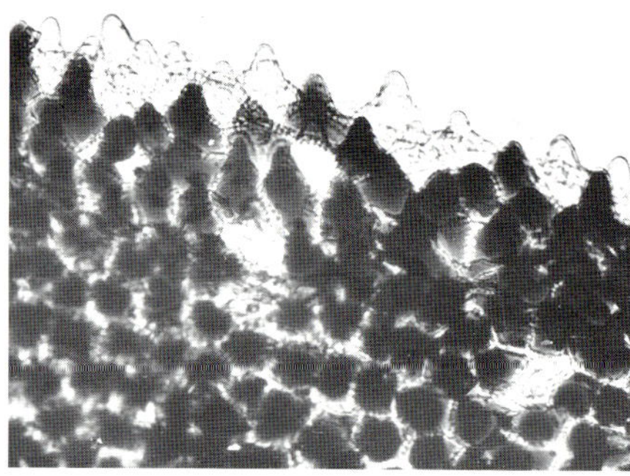

Lebende Papillen auf der Oberhaut eines Begonienblattes

Querschnitt durch ein Laubblatt des Apfelbaums mit Oberhaut, Palisaden- und Schwammgewebe

steht oberseits aus dem Palisadengewebe, das in seinen Zellen viele Blattgrünkörner (Chloroplasten) enthält, und unterseits aus dem Schwammgewebe aus unregelmäßig gebildeten großen Zellen mit weniger Chloroplasten und einem System luftführender Gänge (Interzellularen).

• Die untere Epidermis ist an vielen Stellen durch Spaltöffnungen unterbrochen. Sie sind mit dem Interzellularsystem verbunden und regeln die Aufnahme von Kohlendioxid (CO_2) und die Abgabe von Sauerstoff (O_2) und Wasserdampf durch das Blatt.

Oberflächenvergrößerung durch das Laubblatt: Im Gegensatz zum Tier muß die Pflanze eine große Kontaktfläche zur Umwelt haben, um Energie aufnehmen zu können und um in intensiven Stoffaustausch mit der Umgebung zu treten.

• Ähnlich wie die großen Oberflächen einer Sonnenbatterie nehmen umfangreiche Blattflächen besonders viel Strahlungsenergie der Sonne auf. Der Oberflächenvergrößerung sind aber dadurch Grenzen gesetzt, daß von umfangreichen Blattflächen auch viel Wasser abgegeben wird. Bei ständig ausreichender Feuchtigkeit sind die Zwischenknotenstücke der Sproßachse und die Blattstiele verlängert, die Blattspreiten vergrößert. Außerdem ist die Anzahl der Blätter einer Pflanze meist vermehrt. Diese große Blattfläche führt zu einer höheren Produktivität der Pflanze. Schwankungen der Wasserversorgung, vor allem Trockenheit zwingen sie zum Ausbau eines ausgedehnten und leistungsfähigen Wurzelsystems sowie zur Ausbildung von Schutzeinrichtungen für die Blätter, welche derber werden und oft eine geringere Blattspreite ausbilden. Für den Anbau von Gemüse bedeutet das, daß sich nur bei ausreichender Wasserversorgung leistungsfähige Pflanzen mit weichen, zarten Organen bilden.

• Die Laubblätter stehen mit ihrer großen Oberfläche im stofflichen Austausch mit ihrer Umwelt. Über die zahlreichen Spaltöffnungen nehmen sie das CO_2 der Luft auf, das als ein entscheidender Faktor für die Synthese von Zucker benötigt wird. Die Spaltöffnungen sind aber Kreuzungspunkt zweier Stoffströme. Einerseits wird CO_2 aufgenommen, andererseits wird Wasserdampf und O_2 abgegeben. Solange das Milieu feucht ist, bleiben die Spaltöffnungen geöffnet. Versiegt der Wassernachschub, werden die Spaltöffnungen geschlossen. Damit wird auch die CO_2-Aufnahme unterbunden. In solchen

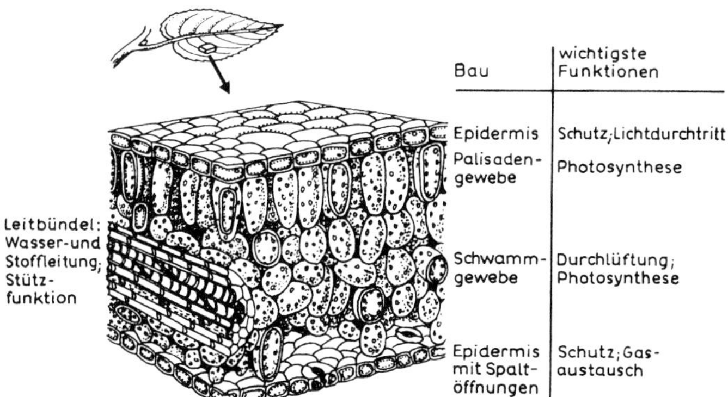

Querschnitt durch die Blattspreite eines Laubblattes

Zeiten führen die Pflanzen, trotz ausreichender Sonneneinstrahlung, keine Photosynthese mehr durch. Auf diese Weise sind die Photosyntheseprozesse von einer ausreichenden Wasserversorgung abhängig.

- Schließlich nimmt die Blattspreite auch flüssige und gelöste Stoffe durch die Oberfläche der Oberhaut auf. Dadurch können welkende Pflanzen die Feuchtigkeit des Taus nutzen. Bei Zimmerpflanzen trägt das tägliche Sprühen wesentlich zur Gesunderhaltung der Pflanzen bei.

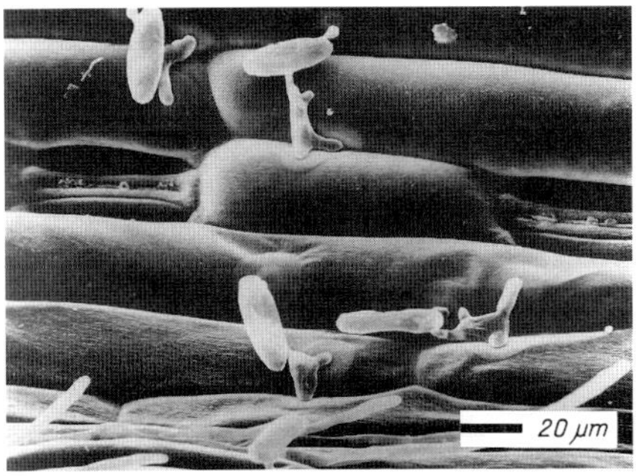

Die Hyphen austreibender Pilzsporen dringen in die Oberhaut eines Gerstenblattes ein

- Die starke Oberflächenvergrößerung durch die Blattspreite schafft aber auch eine große Angriffsfläche für Pilzkrankheiten. Die Blattflächen fangen Pilzsporen auf. Bei Feuchtigkeit keimen diese aus, und die entstehenden Pilzfäden (Hyphen) dringen entweder durch die Spaltöffnungen oder durch die Oberhaut in das Blattinnere ein, so daß sich ein Pilzgeflecht (Myzel) bilden kann, das zur Erkrankung des Blattes führt. Um diese Gefahr herabzusetzen, sollten die Beete abends nicht mehr beregnet werden, damit die Pflanzen trocken in die Nacht gehen.

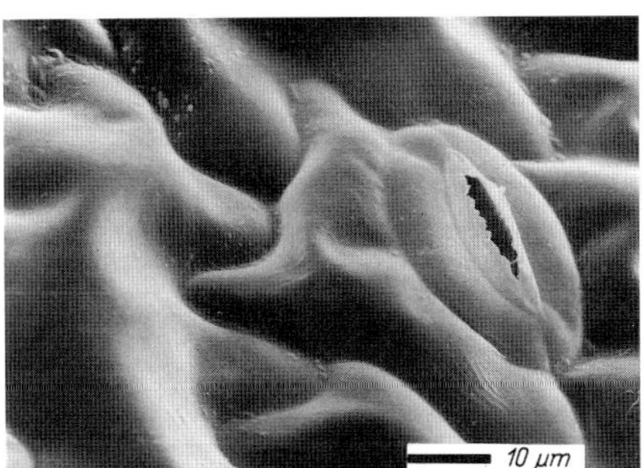

Untere Oberhaut eines Blattes der Ackerbohne mit Spaltöffnungen

Wasserabgabe

Durch die Abgabe von Wasserdampf über die Spaltöffnungen wird gewährleistet, daß ständig ein Wasser- und Nährstoffstrom von den Wurzeln bis zur Sproßspitze der Pflanze verläuft.

Transpiration: Die Wasserabgabe über die Blätter ist keine ungeregelte Verdunstung, sondern wird vom Blatt geregelt. Bei der Transpiration werden demnach die physikalischen Gesetze von biologischen Faktoren überlagert. Man spricht deshalb bei der Transpiration von einer geregelten Wasserabgabe durch die Pflanze.

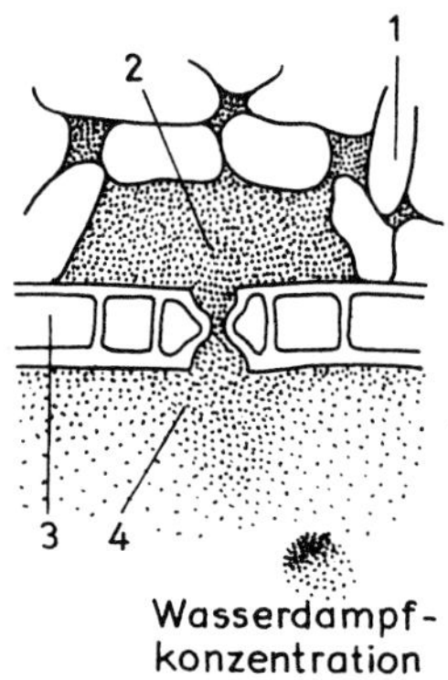

Diffusion des Wasserdampfes durch die Spaltöffnung in die Atmosphäre:
1 Schwammgewebe mit Zwischenzellräumen, 2 „Atem"höhle, 3 untere Oberhaut mit Spaltöffnung, 4 Dampfkappe

- Physikalisch spielt zunächst die relative Luftfeuchte eine Rolle. Trockene Luft kann mehr Wasser aus der Umgebung aufnehmen als feuchte. Erwärmte Luft hat ein größeres Wasseraufnahmevermögen als kalte. Also ist die Verdunstung bei trockenwarmer Luft am größten.

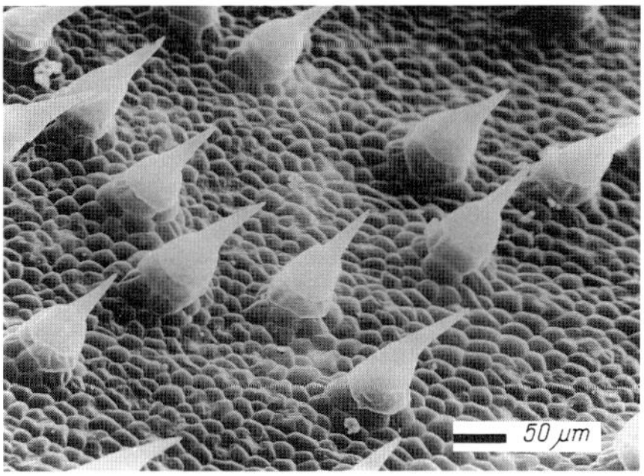

Kegelförmige Haare auf der Oberhaut des Gurkenblattes

Durch Luftbewegung wird sehr schnell trockene Luft ans Blatt herangeführt, so daß ständig viel Wasser verdunsten kann.

• Die Pflanze muß Wasser abgeben, um den Stofftransport im Sproß aufrechtzuerhalten. Sie kann jedoch nur so viel transpirieren, wie sie aufnimmt. Bei fehlendem Bodenwasser müßte sie vertrocknen. Gegen eine derartige Katastrophe schützt sie sich durch biologische Prozesse. Das Wasser, das in das Blatt gelangt, verdunstet in die Zwischenzellräume im Blattgewebe und tritt als Wasserdampf durch die Spaltöffnungen ins Freie. Jede Spaltöffnung hat um einen Zentralspalt zwei Schließzellen angeordnet. Sobald Wassermangel eintritt und damit die Entquellung des Zellplasmas erfolgt, bewegen sich diese und schließen die Spaltöffnung. Damit ist ein Transpirationsschutz gegeben.

• Der Spaltöffnungsverschluß schützt die Pflanze jedoch nicht völlig vor dem Austrocknen. Es wird noch Wasser über die Oberhaut abgegeben. Doch die Pflanze baut sozusagen ein zweites Sicherungssystem auf. Durch die Wachsschicht auf den Blättern oder durch die Haare, die der Pflanze z.T. ein weißes Aussehen geben, wird auch die restliche Transpiration eingeschränkt. Ganz verhindert wird sie allerdings nicht, so daß es bei langanhaltender Trockenheit vorkommen kann, daß Pflanzen vertrocknen. Nicht selten tritt das in heißen Sommermonaten bei zu kurz geschnittenem Rasen auf.

Aktive Wasserabgabe: Es besteht die Notwendigkeit, zu klären, wie Pflanzen den Wasserstrom im Sproß aufrecht erhalten, die z.B. im Urwald bei fast 100% relativer Luftfeuchte stehen. Hier hat die Natur eine interessante Lösungsvariante entwickelt.

Neben der Vergrößerung der Blattoberfläche durch Papillen, auf die bereits hingewiesen wurde, entwickeln viele Pflanzen ein System von Wasserdrüsen, das meist an den Blattspitzen sitzt und aktiv Wasser abscheidet. Eine solche Guttation ist aber nicht nur bei Urwaldpflanzen zu finden (Beispiel: Baumfreund-Arten = Philodendron), sondern wird auch von einheimischen Pflanzen durchgeführt, wenn die Luftfeuchtigkeit in kalten Nächten hoch ist. Bei der Erdbeere sitzen z.B. nach einer derartigen Nacht am nächsten Morgen Guttationstropfen an den Spitzen der Blattzähne.

Möglichkeiten zur Beeinflussung der Transpiration: Der Mensch hat nicht nur die Wasserversorgung der Pflanzen durch Bewässern verbessert, sondern sich auch Maßnahmen einfallen lassen, die Transpiration herabzusetzen.

• Bereits seit Jahrhunderten härtet der Gärtner die Pflanzen ab, die er aus dem Gewächshaus ins Freiland bringt. Dieses »Abhärten« ist besonders bei Gemüsepflanzen wichtig, die ausgepflanzt werden sollen. Zu diesem Zweck werden die Fenster der Frühbeete geöffnet, bei Anzucht im Gewächshaus wird kräftig gelüftet. Damit werden die Pflanzen an die trockenere Umgebung gewöhnt und können entsprechende Schutzeinrichtungen ausbilden, so daß sie nach dem Auspflanzen in der neueren, rauhen Umgebung bestehen können.

• Eine weitere Möglichkeit, im Freiland die Transpiration herabzusetzen, bietet sich dadurch, daß der Wind gebrochen wird. Der Hobbygärtner sollte deshalb viel häufiger als bisher statt der Zäune Hecken setzen. Er schafft dadurch auf seinem Grundstück ein Kleinklima mit erhöhter Luftfeuchtigkeit, das sich günstig auf den Pflanzenwuchs auswirkt.

• Ein Transpirationsschutz kann auch auf ganz andere Weise bewirkt werden. Ausreichend Kaliumversorgung der Pflanze sorgt für ein gequollenes Zellplasma, von dem aus der Wasserdampf nicht so leicht in die Zwischenzellräume des Schwammgewebes abgegeben wird.

• Im Gewächshaus und im Zimmer kann die

Transpiration dadurch gesenkt werden, daß die relative Luftfeuchte erhöht wird. In beiden Fällen wird Wasser versprüht oder vernebelt. Die hohe Luftfeuchte verringert die unproduktive Transpiration der Pflanzen. Das Zellplasma bleibt optimal gequollen und die Pflanzen entwickeln große, dekorative Blätter.

• Schließlich läßt sich die Transpiration dadurch einschränken, daß um die Pflanze eine Kammer mit hoher Luftfeuchte gebildet wird. Dieses Prinzip läßt sich vom Hobbygärtner in unterschiedlichen Varianten schaffen: Stecklinge werden mit Glas oder Folie überdeckt. Pflanzenhauben schützen frisch gesetzte Jungpflanzen, Obst oder Gemüse werden beim Transport kurzfristig in Kisten verpackt, die mit Kunststoffolie verkleidet sind. Um Kondenswasser an der Innenseite zu vermeiden, werden dabei perforierte Folien oder Folien mit Antikondensbelag verwendet.

• Es gibt nun aber Pflanzen, die sich im Verlauf der Stammesentwicklung an eine geringe Wasserversorgung und an ein trockenes Klima gewöhnt haben (Beispiele: Kakteen, Dickblattgewächse). Bei ihnen ist durch verschiedene Schutzmechanismen die Transpiration herabgesetzt. Sie sind deshalb auch in Kultur sehr sparsam zu wässern und benötigen nicht selten zur Anlage von Blüten (Blüteninduktion) eine längere Trockenperiode.

Photosynthese

Das Licht hat für die Pflanze besonders als Energiespender bei der Photosynthese eine große Bedeutung. Diese ist der Prozeß auf der Erde, in dem das Sonnenlicht als Energiequelle für alle wesentlichen Lebensprozesse erschlossen wird. Damit ist sie für alle Lebewesen von universeller Bedeutung. Da in diesem Zusammenhang anorganisches CO_2 in körpereigene Verbindungen umgebaut wird, spricht man auch von der CO_2-Assimilation.

Physikalische Eigenschaften des Lichtes: Bekanntlich ist nur der Bereich der elektromagnetischen Strahlung der Sonne, der zwischen Wellenlängen von 390 nm bis 760 nm liegt, für das menschliche Auge als Licht erkennbar. Dieses sichtbare Licht wird in die Spektralfarben Violett, Blau, Grün, Gelb, Orange und Rot untergliedert. Bei gleicher Strahlungsenergie aller Spektralfarben wird vom Menschen Gelb am stärksten, Violett und Rot werden nur gering und Ultraviolett und Infrarot werden fast nicht wahrgenommen. Für die Photosynthese hingegen sind die roten und die blauen Anteile des Lichtes am wirkungsvollsten.

Die von der Sonne ausgehende Strahlungsenergie wird durch die Erdatmosphäre, durch Wetter, Wolken, Staub und Dunst je nach Standort unterschiedlich geschwächt. Vor allem wird die Strahlung durch Streuung, Reflexion und Absorption gemindert. Die direkte Sonnenstrahlung und die diffuse Himmelsstrahlung ergeben die sogenannte Globalstrahlung, die abhängig ist von Jahres- und Tageszeit und daher im Laufe des Jahres sehr unterschiedlich ist.

Prozesse der Energieakkumulation durch die Pflanze: Bei der Photosynthese wird die Strahlungsenergie der Sonne in die biochemisch gebundene Energie der Pflanzen umgewandelt. In den entstehenden Kohlenhydraten wird die Energie speicherbar und kann von den Lebewesen unabhängig vom Zeitpunkt der Strahlung, also auch nachts, genutzt werden.

Die gespeicherte Energie erhält einerseits in den Pflanzen die Lebensprozesse aufrecht (Betriebsstoffwechsel), andererseits sind die Kohlenhydrate stoffliche Grundlage für die meisten stofflichen Umwandlungsprozesse in den Pflanzen (Baustoffwechsel).

• Die große Oberfläche der Laubblätter fängt die Sonnenenergie auf, die durchsichtige Oberhaut gewährleistet, daß die Strahlen zu den Chloroplasten vordringen können. Durch die Gefäße der Leitbündel dringt Wasser in die Blattspreite der Laubblätter und gelangt auf osmotischem Wege in die Zellen. Kohlendioxid wird durch die Spaltöffnungen aufgenommen und diffundiert durch die Zwischenräume zwischen den Zellen zu den Stellen der Assimilation. In gelöster Form wird es zu den Chloro-

Beim Pflanzen ist auf den richtigen Pflanzabstand zu achten, der je nach Pflanzenart und -sorte unterschiedlich ist ▶

plasten transportiert. In deren komplizierten Strukturen verläuft der photosynthetische Prozeß nach folgender Summenformel:

$$6\,CO_2 + 12\,H_2O \xrightarrow[\text{energie}]{\text{Strahlungs-}} C_6H_{12}O_6 + 6\,O_2 + 6\,H_2O$$

Nach Ablauf des photosynthetischen Prozesses wird der Traubenzucker ($C_6H_{12}O_6$) von Zelle zu Zelle geleitet und in den Siebröhren der Leitbündel abtransportiert. Bei intensiver Photosynthese reicht die Transportkapazität der Siebröhren nicht aus. Der Zucker wird vorübergehend zu Stärke umgewandelt. Dadurch wird er osmotisch unwirksam und kann kurzfristig in den assimilierenden Zellen gespeichert werden.

• Voraussetzung für die Photosynthese ist die intakte Struktur der Chloroplasten. Diese sind vor allem in jungen Blättern noch sehr gut ausgebildet. Damit wird von diesen der Hauptteil der Stoffbildung und Energieakkumulation übernommen. Es ist also notwendig, daß vor allem die jungen Blätter der Pflanzen vor mechanischen Beschädigungen, Schädlingen und Krankheiten geschützt werden.

Der Tagesverlauf der Photosynthese: Die Intensität der Photosynthese hängt an sonnigen Tagen von der Weite des Zentralspaltes der Spaltöffnungen ab; denn durch diesen dringt das CO_2 in das Blattinnere und wird das O_2 an die Umwelt abgegeben.

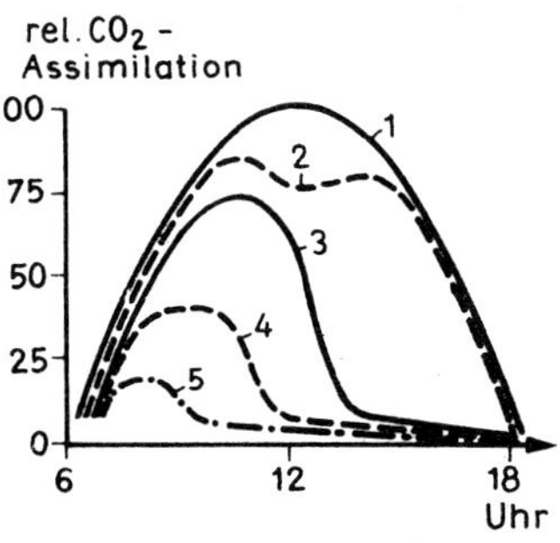

Einfluß des Wassers auf die Photosynthese: 1 *gute Wasserversorgung,* 2 *ausreichende Wasserversorgung,* 3 *beginnende Dürre,* 4 *starke Dürreeinwirkung,* 5 *sehr starke Dürreeinwirkung*

• Beim morgendlichen Hellwerden wird der Zentralspalt durch die Bewegung der beiden Schließzellen geöffnet. CO_2 kann in das Blattinnere gelangen, und die Photosynthese steigt an. Bei ausreichender Wasserversorgung der Pflanze sind die Spaltöffnungen den gesamten Tag über geöffnet, so daß die Stärke der Photosynthese nur abhängig ist vom eingestrahlten Licht.

• Wenn der Boden nicht ausreichend feucht ist, wird die Wasseraufnahme erschwert. Die erhöhte Transpiration im Verlaufe des Tages führt zur Entquellung des Plasmas. Durch diesen Reiz kommt es vorwiegend in den Mittagsstunden zu einer Entquellung des Plasmas der Schließzellen und dadurch zu einem Verschluß des Zentralspaltes. Dadurch wird zwar die Wasserabgabe gedrosselt. Es kann aber auch kein CO_2 für die Photosynthese mehr aufgenommen und dementsprechend kein Zucker mehr synthetisiert werden. Damit leidet die Stoffproduktion der Pflanze und dementsprechend der Pflanzenertrag. In den Nachmittagsstunden sättigen sich die Blätter oft wieder mit Wasser, so daß nach Öffnung der Spalten die zum Abend abnehmende Lichtintensität bis zum Spaltenverschluß bei einbrechender Dunkelheit wieder ausgenutzt werden kann.

Beeinflussung der Photosynthese: Obwohl es zunächst scheint, als ob der Hobbygärtner wenig Möglichkeit hat, die Photosynthese im Freiland zu beeinflussen, ergeben sich jedoch bei genauer Überlegung zahlreiche Maßnahmen.

• Man sollte z. B. daran denken, daß die Humusversorgung des Bodens die Tätigkeit der Mikroorganismen verstärkt. Dadurch wird die Mineralisierung der organischen Substanz und somit die Bildung von CO_2 erhöht. Damit dieses Gas pflanzenaufnehmbar bleibt und nicht in die Umgebung entweicht, muß es durch eine ausreichend dichte Pflanzendecke unter dem Blätterdach gehalten werden. Auf diese Weise wird die CO_2-Aufnahme begünstigt, denn die Spaltöffnungen befinden sich meist an der Blattunterseite. Der Hobbygärtner sollte dementsprechend durch richtige Pflanzenabstände und durch Förderung eines zügigen Wachstums der Jungpflanzen dafür sorgen, daß sich möglichst schnell eine zusammenhängende Blattdecke bildet. Auch

Kleingewächshäuser verlängern das Gartenjahr und erleichtern dem Hobbygärtner die Arbeit: Er kann schon früh im Jahr seine Pflanzen für den Garten anziehen und im Herbst Erntegut lagern oder seine Kübel- und Balkonpflanzen überwintern

der Mischanbau von zügig wachsenden und sich länger entwickelnden Pflanzen sorgt für eine sich zeitig schließende Pflanzendecke.

• Die Regulation des Wasserhaushaltes auf den Beeten ist nicht nur durch eine ausreichende Wassergabe zu erzielen, sondern auch durch sämtliche Maßnahmen, durch welche die Verdunstung des Bodenwassers vermieden wird.

• Freilich hat der Hobbygärtner keinen Einfluß auf die Sonnenscheindauer des Tages, aber der Anbauplan kann so gestaltet werden, daß der Pflanzenstandort eine günstige Belichtung erhält und daß schattige Stellen von Pflanzen besetzt werden, die auch hier noch ausreichend Photosynthese durchführen können.

• Im Gewächshaus allerdings kann man auch direkt auf Temperatur und Beleuchtungsstärke einwirken. Man muß dabei berücksichtigen, daß die Photosynthese am günstigsten bei Lufttemperaturen von etwa 20°C abläuft. Diese sollten an hellen, sonnigen Tagen eingehalten werden, um eine hohe Produktivität der Pflanzen zu erzielen. Vor allem zu Beginn der Wintermonate sollten außerdem die Gewächshausscheiben gereinigt werden; denn eine Schmutzschicht kann bis zu 50% der Lichtenergie absorbieren. Sämlinge und Jungpflanzen wachsen flotter, wenn sie zusätzlich belichtet werden. Die dazu verwendeten Lampentypen sollten einen hohen Rot- und Blauanteil im Spektrum haben.

Entsprechende Hinweise gelten auch für Pflanzen, die in Wohn- oder Geschäftsräumen in Pflanzenvitrinen gehalten werden und heute oft noch an Lichtmangel allmählich zugrunde gehen.

Unterschiedliche Nutzung der Lichtenergie durch verschiedene Pflanzentypen: Die meisten Kulturpflanzen stehen in ihrer Heimat sonnig. Sie erhalten also genügend Licht und benötigen als Lichtpflanzen auch im Garten einen sonnigen Standort. Bei aller Mühe läßt sich aber nicht vermeiden, daß es auf den Nutzflächen Stellen gibt, die wenig oder gar nicht von der Sonne getroffen werden. Man sollte diese Stellen aber nie achtlos liegen lassen, sondern sie dadurch zur Geltung bringen, daß man hierhin Pflanzen setzt, die von Natur aus an schattigen Stellen, also z. B. in der Krautschicht eines Waldes vorkommen. Solche Schattenpflanzen sind daran angepaßt, bereits bei geringer Lichtmenge ausreichend zu assimilieren. Oft können sie gar nicht an sonnenüberfluteten Standorten gedeihen, da sie keinen ausgeprägten Transpirationsschutz besitzen.

Während Rosen möglichst vollsonnig stehen sollten, damit sie einen guten Blütenertrag bringen, setzen die weiß bis rötlich blühenden Astilben im Mittsommer auch an schattigen Stellen bunte Farbtupfer. Unter den Laubbäumen, die im Frühling erst geringe Schatten werfen, gedeihen frühblühende Zwiebel- und Knollengewächse, welche die kurze Vegetationszeit des Vorfrühlings ausreichend nutzen, um zu assimilieren, zu blühen und Reservestoffe für die kommende Vegetationsperiode zu speichern. In großen Grundstücken gedeihen im »wandernden Schatten« lichter Gehölzpflanzungen die sommergrünen und die immergrünen Rhododendren und blühen im Frühsommer in üppiger Fülle.

Unter dem Gesichtspunkt der Belichtung sollten auch Balkon, Loggia oder Zimmer als Pflanzenstandorte betrachtet werden. Stets sind sonnige Lagen anders zu besetzen als schattige. Auf dem Balkon gedeihen Pelargonien am besten in voller Sonne, während die Knollenbegonien in Nordlagen ihre großen grellbunten Blüten entfalten. Im Zimmer sind im Sommer Südfenster oft ungünstig für die Blumen- und Pflanzenpflege, besser sind Ost- und Westlagen geeignet. Manche Orchideen-Arten, die am heimischen Standort unter dem Blätterdach tropischer und subtropischer Wälder gedeihen, lassen sich sogar am besten am Nordfenster kultivieren. Kletterfeige und Bogenhanf sind geeignete Pflanzen für die dunkleren Rückwände eines Zimmers. Sie finden hier noch ausreichend Licht für die Photosynthese.

Kletterpflanzen: Im Kampf um ausreichend Licht haben sich die Kletterpflanzen (Lianen) entwickelt. Sie klimmen mit dünnen Stengeln an anderen Pflanzen, an Felsen und Mauern empor. Bei ihnen steht demnach in der Natur der Fuß im Schatten, während die Blätter an den vollen Sonnengenuß angepaßt sind. Deshalb sollte z. B. bei der Waldrebe (Clematis) der Wurzelballen stets bedeckt gehalten werden.

Bei Hopfen und Stangenbohne windet sich der gesamte Stengel um eine Stütze. Wilder Wein ist mit Rankenzweigen, die an ihrem Ende Haftscheiben ausbilden, an der Unterlage befestigt. Kapuzinerkresse hat windende Blattstiele. Blattranken sind bei der Erbse zu finden. Es ist

Tabelle 6: Beispiel für eine Fruchtfolge zur vollen Nutzung der photosynthetisch wirksamen Zeit im Garten

1. Jahr	Gemüseerbsen Blumenkohl Wintersalat
2. Jahr	Radies Buschtomate Feldsalat
3. Jahr	frühe Möhre Winterzwiebel
4. Jahr	Kopfsalat Rote Rübe

also erkennbar, daß unterschiedliche Organe die Pflanzen zum Klettern befähigen.
Der Efeu entwickelt gelappte Schatten- und ungelappte Sonnenblätter. An dieser Pflanze entzündete sich in der Vergangenheit die Diskussion. Sie befestigt sich mit Haftwurzeln an der Unterlage. Es handelt sich dabei um zähe Gebilde, die als zottige Schicht an der lichtabgewendeten Seite des Sprosses wachsen und auf Berührungsreize der Unterlage reagieren. Da sie keine Nährstoffe aufnehmen, eignet sich der Efeu sehr gut zur Begrünung von kahlen Flächen. Er bildet vor Hauswänden eine dicke Schicht immergrüner Blätter, die isolierend wirkt, im Winter vor Kälte, im Sommer vor zu stark einstrahlender Sonne schützt. Lange Zeit sagte man dem Efeu nach, daß er mit seinen Haftwurzeln das Mauerwerk zerstöre. Neuere Untersuchungen zeigten hingegen, daß derartig begrünte Flächen einen dauerhaften Schutz gegen Klimaschwankungen bewirken und dadurch gut zur Erhaltung des Mauerwerkes beitragen. Nur dort, wo bei Montage von Großblockbauten durch unsaubere Arbeit Lücken entstehen, drängen sich die Haftwurzeln hinein und können eventuell Schaden anrichten.

Optimale Nutzung der photosynthetisch produktiven Zeit im Freiland: Die Produktion organischer Substanz ist in den gemäßigten Breiten je Flächeneinheit während des Jahres unterschiedlich. Ein Tag im Mai kann nicht mit einem Tag im August, ein Junitag nicht mit einem Novembertag gleichgesetzt werden, weil Temperatur, Feuchtigkeit, bodenbürtiges CO_2 und vor allem das Licht in unterschiedlichem Maße zur Verfügung stehen. Berücksichtigte man die genannten Faktoren, so ergäbe sich eine Skala zur Einstufung der Monate nach dem Anteil der photosynthetisch produzierten Substanz an einem Pflanzenstandort.
Wird vom Hobbygärtner die Vegetationszeit nicht voll genutzt, so kommt das verschenkten Erträgen gleich. Eine Vorentscheidung über die Nutzung der Flächen fällt mit der Aufstellung des Fruchtfolgeplanes und der rechtzeitigen Bestellung des Saat- und Pflanzgutes. Man sollte auch nicht vergessen, in den Monaten, in denen nach der Ernte keine Gemüse- oder Zierpflanzen mehr zur vollen Entwicklung kommen würden, Pflanzen auszusäen, die zwar Blatt- und Wurzelmasse bilden, aber nicht mehr geerntet werden können. Die organische Masse hat in diesem Fall als Gründüngung eine große Bedeutung für die Versorgung der Böden. Damit dient die gespeicherte Sonnenenergie direkt der Förderung des Bodenlebens und dadurch der Verbesserung der Bodenstruktur und der CO_2-Bildung.

Wechselwirkung zwischen Photosynthese und Atmung: Bei der Photosynthese wird in den grünen Pflanzenteilen energiereiche organische Masse gebildet, die in Form von Zucker in alle Organe der Pflanze transportiert wird, um dort die Lebensprozesse aufrecht zu erhalten. Damit die Energie wirksam wird, muß sie an Stellen des Verbrauchs freigesetzt werden. Das geschieht durch die Atmung, die in den Mitochondrien (Organellen mit spezifischen Enzymen der Atmungskette) jeder Pflanzenzelle stattfindet.

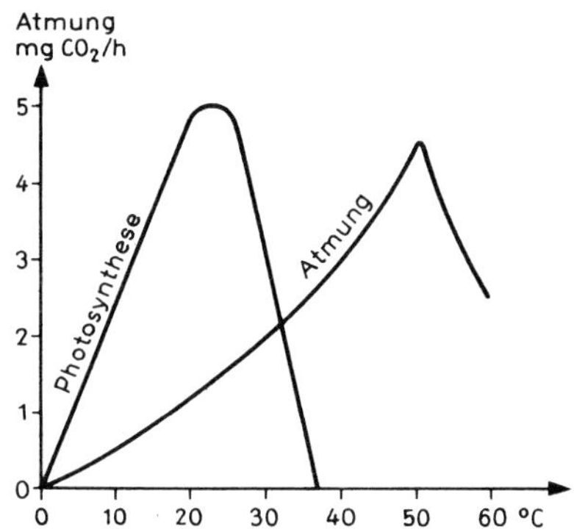

Photosynthese- und Atmungskurve schematisch dargestellt (umschlossene Fläche: Stoffgewinn)

Für die Atmung ist Sauerstoff notwendig. Oberflächlich gesehen ist die Atmung eine Umkehrung der Photosynthese, jedoch verläuft der Vorgang in völlig anderen Teilschritten, die von verschiedenen Enzymen gesteuert werden:

$$6\,CO_2 + 12\,H_2O \underset{\text{biologisch verwertbare Energie}}{\overset{\text{Strahlungsenergie}}{\rightleftarrows}} C_6H_{12}O_6 + 6\,O_2 + 6\,H_2O$$

Da die Wirkung der Enzyme stark von der Temperatur beeinflußt wird, hängt die Atmungsintensität und damit auch der Abbau organischer Substanz in erster Linie von der Temperatur ab. Sie nimmt etwa bis 45°C zu und sinkt danach schnell ab, da die Pflanzenzellen durch weitere Wärmezufuhr stark geschädigt werden.

Im Gegensatz zur Photosynthese findet die Atmung bei Tag und Nacht statt. Sie ist jedoch bei grünen Pflanzenteilen am Tag nicht direkt festzustellen, da das freiwerdende CO_2 sofort wieder für die Photosynthese verbraucht wird.

• Gewöhnlich übersteigt die Photosynthese tagsüber die Atmung um ein Mehrfaches, da die Photosyntheserate bei niedrigen Temperaturen schneller ansteigt als die Atmung. Bei 20 bis 25°C ist der Assimilationsüberschuß, also die Netto-Assimilation am größten, bei Temperaturen darüber wird die Stoffbilanz um so ungünstiger, also die Nettoassimilation um so geringer, je höher die Temperaturen steigen. Stoffbildung und Stoffabbau halten sich bei 30 bis 35°C etwa die Waage. Zwischen 35 und 40°C überwiegt der Stoffabbau. Steigen die Temperaturen weiter, so kommt es zum Wärmetod der Pflanzenzellen unserer Kulturpflanzen.

Eine ausreichende Bewässerung vorausgesetzt, findet im Garten eine hohe Netto-Assimilation in Monaten mit langen Tagen und kurzen Nächten statt, wenn die Tage sonnig, aber nicht allzu warm, die Nächte jedoch ziemlich kühl sind. Diese Witterungsverhältnisse treten meist im Mai auf und führen dazu, daß in dieser Zeit die Produktivität eines Pflanzenbestandes bereits sehr hoch ist. Es ist also notwendig, die Beete rechtzeitig zu bestellen, damit diese Zeit voll genutzt wird. Bei Gurken und Tomaten sollte unbedingt eine Vorfrucht angebaut werden.

Auch im September sind die Tage oft noch recht sonnig und warm, die Nächte aber bereits empfindlich kühl. Deshalb ist die Produktivität der Pflanzen auch zu dieser Zeit noch relativ hoch, obwohl die Tageslängen der von Märztagen entsprechen. Obst und Wein werden in dieser Zeit bei günstiger Witterung besonders süß.

Schließlich geht aus der Tatsache, daß die günstigsten Temperaturen für eine gute Nettoassimilation bei 20 bis 25°C liegen, hervor, daß Frühbeetkästen und Gewächshäuser an sonnigen Tagen rechtzeitig gelüftet werden müssen, um eine möglichst optimale Stoffbilanz zu erzielen.

• Aus dem Problem der Gestaltung einer günstigen Netto-Assimilation ergibt sich, daß die Pflanzen im Gewächshaus in den Wintermonaten bei trübem Wetter bei geringen Temperaturen gehalten werden sollten. Das ist damit begründet, daß bei mangelndem Licht eine geringe Photosynthese stattfindet, die Atmung aber durch die niedrigen Temperaturen auch gedrosselt wird, also nur ein geringer Stoffverlust auftritt. Ebenso ist es günstiger, an Sommertagen die Nachttemperaturen gegenüber denen des Tages etwas abzusenken.

Licht als formbildender Faktor

Licht ist nicht nur wichtig für die Photosynthese, sondern beeinflußt auch den Pflanzenwuchs. Beide Faktoren hängen eng miteinander zusammen.

• Lichtmangel oder hoher Dunkelrot-Anteil des Lichts haben ein starkes Streckungswachstum des Sprosses, lange Blattstiele und kleine Blätter zur Folge (Beispiel: Pelargonien im Winterquartier).

• Im Licht wachsen Pflanzenteile gedrungener und sind dichter beblättert. Hohe Blau- und Ultraviolett-Anteile des Lichtes führen zu besonders kompakten Pflanzen, die intensiv gefärbte Blätter tragen. Deshalb wachsen Hochgebirgspflanzen oft gedrungener und werden im zeitig einsetzenden Bergwinter schnell vom Schnee bedeckt und dadurch geschützt.

• Das Licht beeinflußt auch das Flächen- und Dickenwachstum der Blätter. Die sogenannten Sonnenblätter sind etwas kleiner, aber dicker als die Schattenblätter, da sie mehr Zellschichten haben. Das dem vollen Licht ausgesetzte Sonnenblatt eines Apfelbaumes ist dementsprechend assimilatorisch leistungsstärker als ein im Kroneninneres befindliches Schattenblatt. Triebe, die im Schatten des inneren Kronenraumes wachsen, sind demnach schlechter ernährt und werden häufig von Schädlingen und Krankheiten befallen. Da nur die im vollen Licht stehenden Blätter ausreichend Stoffe produzieren, entstehen Früchte hauptsächlich in genügend belichteten Kronenteilen.

9 Die Blüte

Bildung, Bau und Funktion – Zweigtreiberei, Schnittblumengewinnung und -haltbarmachung

Im Entwicklungsprozeß der Pflanze ist die Blütezeit ein wichtiger Abschnitt. Von ihr hängt die Samenbildung und damit die Erhaltung der Pflanzenart ab.

Blütenbildung

Für den Gärtner ist die Blütenbildung bei Schnittblumen und bei Fruchtgemüse und Obst erwünscht, beim Anbau von Wurzel- und Blattgemüse aber nicht gern gesehen, da bei vorzeitig entwickelter Blüte das Endprodukt, z.B. durch Verholzung der Pflanzenteile, ungenießbar wird (Beispiel: Kohlrabi).

Blühreife: In der Gesamtentwicklung der höheren Pflanzen wird zwischen der vegetativen und der generativen Phase unterschieden. Die meisten Pflanzen müssen erst eine gewisse Anzahl von Blättern ausbilden, bevor die vegetative Phase abgeschlossen und die physiologische Blühreife erreicht ist. Die Dauer dieses Jugendstadiums beträgt bei einjährigen Pflanzen oft nur wenige Wochen. Mehrjährige Pflanzen blühen frühestens in der zweiten Vegetationsperiode, Bäume hingegen erst nach vielen Jahren. Bei letzteren muß erst das richtige Kohlenstoff:Stickstoff-Verhältnis vorhanden sein. Übersteigerte Stickstoffversorgung kann demnach den Beginn der Blühreife erheblich verzögern.

Bluteninduktion: Hat die Pflanze die physiologische Blühreife erreicht, erfolgt die biochemische Umstimmung des Vegetationskegels an der Triebspitze als Voraussetzung für die Blütenbildung. Diese Blüteninduktion wird von verschiedenen Umweltfaktoren beeinflußt.

- Bei vielen Pflanzen ist die Blüteninduktion von bestimmten Temperaturen abhängig. Diese sind je nach Pflanzenart unterschiedlich und liegen unter denen für das optimale Wachstum. Diese »Kälte«einwirkung wird als Vernalisation bezeichnet. Der Vernalisationsbereich liegt je nach Pflanzenart zwischen 0 bis 16 °C. Wenn bei einigen Gemüsearten die niedrigen Temperaturen 5 bis 8 Wochen anhalten, kommt es zur Schosser- und Blütenbildung (Beispiel: Sellerie).
- Man kann allerdings die Temperatureinwirkung nicht isoliert betrachten. Sie steht bei den meisten Pflanzen in einem engen Zusammenhang mit der Wirkung der Tageslänge. Die Abhängigkeit der Blüteninduktion von der unterschiedlichen Tageslichtdauer, die zwischen Winter und Sommer herrscht, wird als Photoperiodismus bezeichnet. Der für die Einleitung bzw. Unterbindung der Blütenbildung entscheidende Schwellenwert der Tageslichtdauer wird kritische Tageslänge genannt.

Langtagpflanzen bilden die Blüten nur dann, wenn die kritische Tageslänge überschritten wird (Beispiel: Feldsalat). Ihre natürliche Blütezeit ist damit der Sommer (Beispiel: Sommerblumen). Da die kritische Tageslänge je nach Pflanzenart und -sorte unterschiedlich sein kann, erblühen die Pflanzenarten in unserer heimischen Natur zu unterschiedlichen Zeiten.

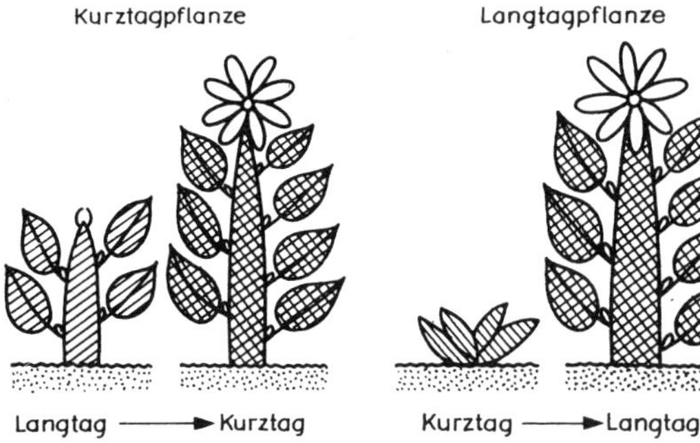

Reaktion von Kurztag- und Langtagpflanzen

Kurztagpflanzen induzieren nur dann, wenn ihre kritische Tageslänge unterschritten wird. Für sie ist also eine lange, ungestörte Nacht entscheidend. Zu dieser Gruppe gehören die heimischen Herbst- und die Winterblüher (Beispiel: Viele Chrysanthemensorten). Bei Zierpflanzen wird beobachtet, daß die kritische Tageslänge bei unterschiedlichen Temperaturen verschieden sein kann (Beispiel: Weihnachtsstern).
Tagneutrale Pflanzen reagieren nicht auf die Tageslänge. Bei ihnen ist die aufgenommene Lichtmenge von Bedeutung.
Die Erwerbsgärtner beeinflussen die Blüteninduktion der Zierpflanzen sehr vielfältig. Durch Verdunklung in den Zeiten langer Tage ist es möglich, daß der Herbstblüher Chrysantheme fast das ganze Jahr blüht.

Blütendifferenzierung und Blütenentwicklung: Am Ende der Blüteninduktion bildet sich am Vegetationskegel des Sprosses eine Anzahl kleiner Höcker aus, die sich zu Blütenanlagen entwickeln. Es werden nacheinander Kelchblätter, Kronblätter, Staubblätter und Fruchtblätter angelegt. Dieser Prozeß wird durch die Entwicklung der Blütenknospen äußerlich sichtbar. In der folgenden Phase, der Blütenentwicklung, kommen diese Anlagen zur vollen Ausbildung. Blüteninduktion, Blütendifferenzierung und Blütenentwicklung müssen nicht unmittelbar aufeinander folgen, dazwischen kann eine Ruhepause eingeschoben sein.

Blütendifferenzierung und Blütenentwicklung bei Obstgehölzen: Bei Obstgehölzen erfolgt die Blüteninduktion für das kommende Jahr Ende Juli, Anfang August des Vorjahres. Für diese Zeit ist eine kurzzeitige Ruhephase des Sproßwachstums charakteristisch. Für die folgende Blütendifferenzierung und Blütenentwicklung müssen genügend Kohlenhydrate und Nährstoffe zur Verfügung stehen. Eine mit energiereichen Kohlenhydraten ausgerüstete und morphologisch vollwertige Blütenknospe besitzt ein sehr stabiles Vermögen, im nächsten Jahr zu fruchten. Fehlen der Blütenknospe diese Voraussetzungen, erblüht sie zwar. Die Blüte ist aber anfällig gegenüber ungünstigen Witte-

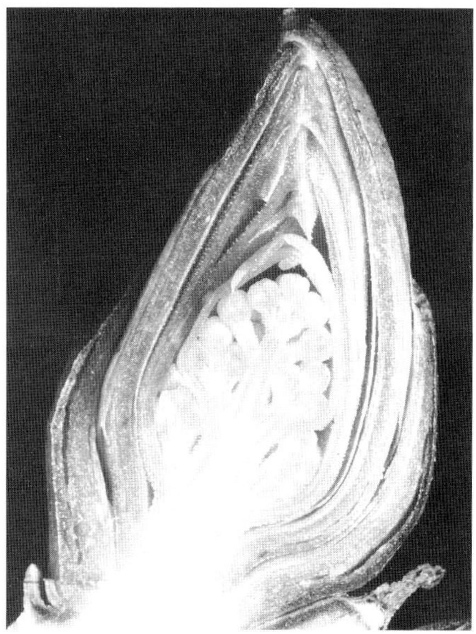

Längsschnitt durch die Knospe eines Blütenstandes des Flieders zur Zeit der Winterruhe

Tabelle 7: Temperatur und kritische Tageslänge bei einigen Zierpflanzen

Pflanzentyp	Zierpflanzenart	Temperatur in °C	kritische Tageslänge in Stunden
Kurztagpflanzen (kritische Tageslänge muß **unterschritten** werden)	Chrysantheme Weihnachtsstern	16 bis 22 18 bis 21 25 bis 27	13 bis 15 ~12 ~11
Langtagpflanzen (kritische Tageslänge muß **überschritten** werden)	Ampelglockenblume Fuchsie	12 bis 15 20 bis 25	16 12 bis 14

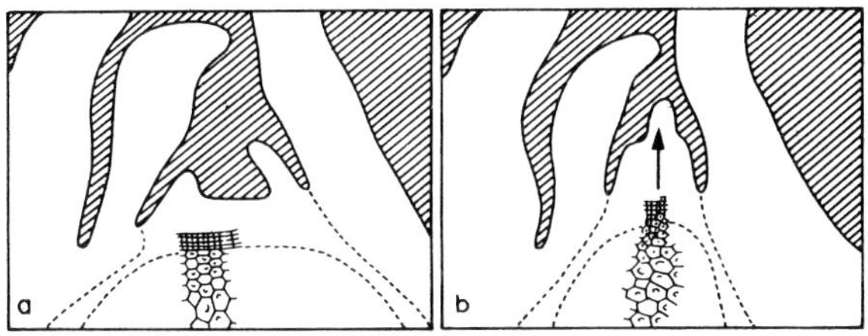

Längsschnitt durch eine Endknospe:
a *vor der Blüteninduktion,*
b *nach der Blüteninduktion*

rungsbedingungen. Dementsprechend bleibt der Fruchtansatz labil und es besteht die Gefahr eines vorzeitigen Fruchtfalls.

Außerdem besteht die Möglichkeit, daß sich die Blütenknospe wieder zur Blattknospe zurückbildet. Eine derartige Rückentwicklung kann eintreten, wenn nach Beginn der Blütendifferenzierung die vegetative Entwicklung eines Obstgehölzes so stark gefördert wird, daß der Neuwuchs die eingelagerten Reservestoffe aufbraucht. Ursachen dafür können sein: Übermäßige Triebkraft der Sorte, starke Niederschläge oder falsche Bewässerung im Juli/August und eine zu hohe Stickstoffgabe, welche das C:N-Verhältnis in der Pflanze zugunsten des die Triebkraft fördernden Stickstoffs verändert.

Zur Anregung der Blütenbildung können bei einem schlecht fruchtenden Baum vor der Blüteninduktion, also spätestens bis Anfang Juli die Triebe in eine waagerechte Lage gebunden werden. Dadurch werden die Kohlenhydrate weniger intensiv in den Stamm abgeleitet. Bei blühwilligen Sorten bilden sich an diesen Trieben verstärkt Blüten.

Zweigtreiberei: Auch bei frühjahrsblühenden Ziergehölzen liegt zwischen den Abschnitten der Blütendifferenzierung und Blütenbildung eine Ruhephase. Das Stadium der tiefen Ruhe wird bei ihnen erst nach der Einwirkung niedriger Temperaturen überwunden. Etwa ab Anfang Dezember, spätestens im Januar haben sie die Fähigkeit erworben, auszutreiben, verharren aber noch in der erzwungenen Ruhe. In dieser Zeit lassen sich abgeschnittene Zweige mit einfachen Mitteln treiben. Blühfähige Zweige sind an den Blütenknospen zu erkennen. Diese sind prall gefüllt, in vielen Fällen auffällig rund. In Zweifelsfällen schneidet man eine Knospe auf und kann dann die Blütenknospe an den Blütenanlagen erkennen. Die Zweige sollten in der Regel etwa 1 m Länge haben, da hierdurch gesichert ist, daß genügend Kohlenhydrate gespeichert sind. Für die spätere Verwendung lassen sie sich kurz vor der Blüte zurechtschneiden.

• Der Zeitpunkt, zu dem die Zweige geschnitten werden, ist bei den einzelnen Blütengehölzen unterschiedlich. Grundsätzlich gilt, je früher der Schnittzeitpunkt, desto länger die Treibdauer. Mit Sicherheit lassen sich etwa ab 5. Dezem-

Tabelle 8: Beispiel für Zweigtreiberei

Termin	Pflanzenart	Frischhaltemittelzusatz zur Blütezeitverlängerung	Treibdauer (Tage)
ab Dezember	Forsythie (Goldglöckchen)	–	21
ab Mitte Dezember	Zierquitte	+	21
ab Februar	Zierquitte	–	10 bis 14
ab Januar	Kornelkirsche	–	21
ab Januar	Salweide, Reifweide	–	14
ab Februar	Magnolie	+	14
ab Mitte Februar	Mandelbäumchen	+	10

ber Forsythienzweige treiben. Sie blühen dann etwa zum Weihnachtsfest. Im Februar tritt die Blüte bereits nach 10 Tagen ein.
Die meisten anderen Gehölze sollten allerdings nicht vor dem 15. Januar geschnitten werden. Gefrorene Zweige sind zunächst in einem mäßig warmen Raum aufzutauen, bevor sie bei ca. 20 °C bei einer durch Besprühen erzielten hohen Luftfeuchte zum Treiben gebracht werden können.

• Bei Zweigtreiberei von Kätzchenweide, Kornelkirsche und Forsythie ist die Stoffeinlagerung im Holz so hoch, daß Wasser- und Wärmeversorgung genügen, um sie zum Blühen zu bringen. Andere Zweige benötigen eine zusätzliche Ernährung. Dem Wasser muß ein zuckerhaltiges Blumenfrischhaltemittel zugefügt werden, das käuflich erworben werden kann. Von ihm werden in den meisten Fällen etwa 3 g auf 100 ml Wasser gegeben.

Bau der Blüte

Die Blüte hat die geschlechtliche Fortpflanzung der Pflanze zu sichern. Für den Menschen hat sie einen ästhetischen Wert. Die Pflanzen werden auf die Ausbildung besonders großer oder interessanter Blüten gezüchtet. Darunter leiden nicht selten die Fortpflanzungsfunktionen.

Typischer Blütenbau: Ursprüngliche Blüten haben einen spiraligen Aufbau. Die Anzahl der Blütenorgane ist zunächst unbestimmt (Beispiel: Magnolie). Im Verlauf der Entwicklungsgeschichte entstanden Blüten, bei denen alle Blütenglieder kreisförmig auf dem Blütenboden angeordnet sind. Besonders häufig sind Blüten mit fünf Blütenblattkreisen (Wirteln).

• Bei den insektenblütigen Pflanzen besteht die Blütenhülle meist aus dem Kelchblatt- und dem Kornblattkreis. Kelch und Krone sind oft unterschiedlich gebaut und gefärbt. Der Kelch schützt

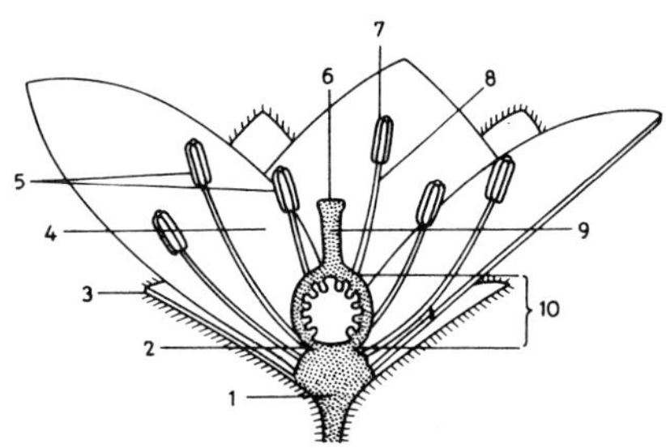

Schema der Blüte eines Bedecktsamers:
1 *Blütenboden,* 2 *Fruchtblattkreis,* 3 *Kelchblattkreis,* 4 *Kronblattkreis,* 5 *zwei Staubblattkreise,* 6 *Narbe,* 7 *Staubbeutel mit Pollensäcken,* 8 *Staubfaden,* 9 *Griffel,* 10 *Fruchtknoten mit Samenanlagen*

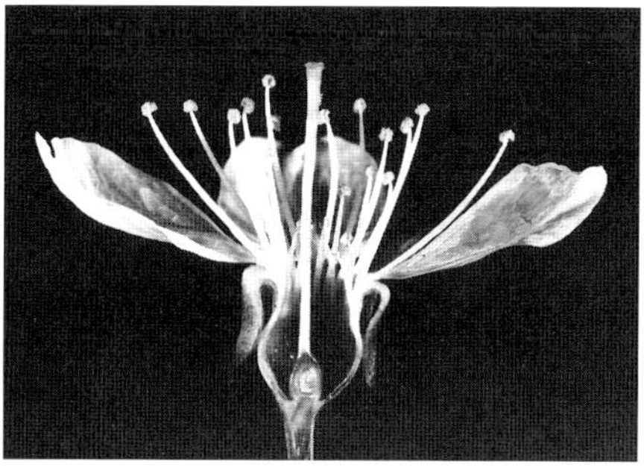

Längsschnitt durch eine Blüte der Süßkirsche

die inneren Blütenteile, die auffällige Krone lockt Insekten an. Dem Insektenbesuch dienen auch häufig die Nektardrüsen, die sich am Grund der Kronblätter befinden. Es kommen auch Blüten vor, bei denen die Blütenhülle gleich gestaltet ist (Beispiel: Tulpe).

• Bei den beiden Staubblattkreisen besteht jedes Staubblatt aus Staubfaden und Staubbeutel. Letzterer enthält meist vier Pollensäcke. In ihnen entstehen die männlichen Keimzellen, die Pollenkörner. Der innere Kreis besteht aus den Fruchtblättern. Sie sind entweder jedes für sich oder zu mehreren gemeinsam verwachsen, so daß mehrere Fruchtknoten entstehen oder nur ein Fruchtknoten zu finden ist. Im Fruchtknoten sind etwa 1 mm große Gebilde, die Samenanlagen, mit einem kleinen Stielchen befestigt. Der Fruchtknoten läuft nach oben in die Narbe aus, die häufig knopfförmig gestaltet ist. Zwischen Fruchtknoten und Narbe befindet sich meist ein verengter Teil, der Griffel.

• Die Blütenhülle windblütiger Blüten ist oft sehr einfach gebaut, meist zurückgebildet, damit der Wind den Pollen forttragen kann (Beispiel: Haselstrauch).

Blüte und Insekt: Damit aus den Blüten eine Frucht entstehen kann, müssen die im Fruchtknoten befindlichen Samenanlagen befruchtet werden. Diese Befruchtung kann aber nur erfolgen, wenn männlicher Blütenstaub auf die weibliche Narbe gelangt. Die Hasel- und die Walnuß werden vom Wind bestäubt. Kern-, Stein- und Beerenobstarten, die meisten Sommerblumen und Stauden dagegen sind Insektenblütler. Bei ihnen wird die Übertragung des Blütenstaubes (Pollenkörner) von Insekten bewirkt.

• Im Laufe der Stammesentwicklung haben sich die Blüten an den Insektenbesuch angepaßt, um eine bessere Übertragung des Pollens zu garantieren. Dabei sind u. a. folgende Abwandlungen eingetreten: Während bei ursprünglichen Blüten die Kronblätter in den strahligen Blüten getrennt stehen (Beispiel: Kirsche), sind sie bei abgewandelten Blüten verwachsen (Beispiel: Flieder). Auf diese Weise werden die Insekten gezwungen, von oben in die Blüte zu kriechen und dabei an den den Zugang versperrenden Staubbeuteln Pollen abzustreifen, um ihn an der nächsten Blüte auf die Narbe zu übertragen. Noch besser sind Blüten angepaßt, welche den Bau der Insekten nachahmen, also eine »Rükkenseite« und eine »Bauchseite« haben. Dadurch werden die Insekten veranlaßt, in einer ganz bestimmten, durch die Blüten vorgegebenen Haltung in die Blütenröhre einzudringen. Sie streifen dabei die Staubbeutel und die Narbe immer wieder mit denselben Körperstellen, so daß eine Bestäubung weitgehend garantiert ist (Beispiel: Roter Fingerhut). Bei genauer Beobachtung wird der Hobbygärtner entdecken, daß es noch viele Anpassungen an den Insektenbesuch gibt: Besondere Zeichnungen auf den Kronblättern weisen den Insekten den Weg zum Nektar (Saftmale), Haare verengen die Kronröhre, um ein Abstreifen des Pollens zu garantieren, eine lange Kronröhre oder ein Sporn geben nur langrüsseligen Insekten die Möglichkeit zum Blütenbesuch.

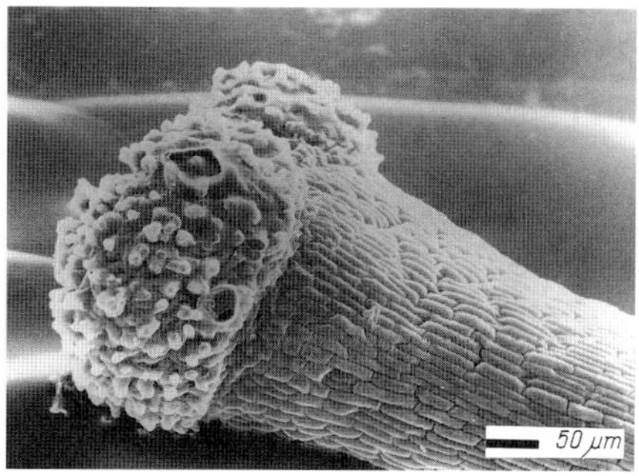

Narbe einer Tomatenblüte mit Papillen

Einige Blüten reagieren auch aktiv auf den Insektenbesuch: Beim Besenginster schießen die Staubbeutel z.B. explosionsartig aus der Blüte hervor und bepudern das Insekt von oben und unten. Den Entdeckungen sind wahrlich keine Grenzen gesetzt.

- Als Bestäuber für die Obstgehölze kommen vor allem Hummeln und Bienen in Betracht. Die Honigbienen fallen durch ihre Blütenstetigkeit auf. Sie besuchen eine Pflanzenart für längere Zeit und sichern dadurch die Übertragung von arteigenem Pollen. Hummeln sind den Honigbienen vor allem dadurch überlegen, daß sie die Blüten bereits an kühlen Frühlingstagen von morgens bis spätabends befliegen. In naßkalten Frühjahren werden oftmals bis zu 50% der Obstblüten von Hummeln bestäubt.

Die gegenseitige Anpassung von Blüte und Insekt reicht von der unspezifischen Anlockung von Schwebfliegen durch die Blütchen in den Schirmdolden der Doldenblütengewächse bis zur Ausbildung von komplizierten Pollenausschüttmechanismen, z.B. dem Explosionsmechanismus der Blüten des Besenginsters, die nur von spezialisierten Insekten betätigt werden können

Gefüllte Blüten: In Lehrbüchern wird oft hervorgehoben, daß die Blüten ein gestauchter Sproßabschnitt sind, bei dem die Blätter im Verlauf der Stammesentwicklung zum Teil einen »erheblichen Gestaltswandel« erfahren haben. Aus diesem Grund spricht man ja auch von Kelch-, Kron-, Staub- und Frucht»blättern«. Bedenkt man, daß es bei allen Lebewesen Rückschläge in der Entwicklung gibt, bei denen frühere Organe und Organformen annähernd in ihrer ursprünglichen Gestalt wieder erscheinen, so kann man solche Rückschläge auch in der Blütenregion entdecken.
Beispielsweise können Staubblätter oder/und Fruchtblätter wieder in Blattform auftreten. Diese Blüten erscheinen dadurch mehr oder weniger gefüllt. Der Gärtner züchtet solche Pflanzen weiter. Auf diese Weise gibt es heute von vielen Pflanzenarten gefüllt blühende Sorten. Sie sind fast immer steril. So müssen sie bis auf wenige Ausnahmen vegetativ vermehrt werden. Zum Beispiel wird ein Auge einer »edlen« Rosensorte auf eine »wilde« Unterlage gesetzt, die durch Aussaat vermehrt wurde.

Blütenstände: Wenn eine Einzelblüte für die Insekten von weitem erkennbar sein soll, muß sie eine bestimmte Größe haben. Damit ist für die Pflanze ein hoher Materialaufwand notwendig. Das ändert sich, wenn viele Blüten zu einem Blütenstand zusammenrücken. Dieser wirkt dann als Ganzes. Der Blütenstand garantiert

Gefüllte Blüten der Pfingstrose. Deutlich heben sich die umgewandelten Staubblätter von den Kronblättern ab

also für die Pflanze eine hohe Wirkung mit geringem Materialaufwand.
Häufig vorkommende Blütenstände sind die Rispe mit einer Hauptachse und sich verzweigenden Nebenachsen (Beispiel: Flieder), die Traube mit Hauptachse und einfachen Nebenachsen (Beispiel: Johannisbeere), die Ähre mit Hauptachse ohne Nebenachsen (Beispiel: Quecke), der Kolben mit verdickter Hauptachse (Beispiel: Mais), die Dolde mit verkürzter Hauptachse und Nebenachsen, die von einem Punkt ausgehen (Beispiel: Hohe Schlüsselblume) bzw. die Doppeldolde, bei der an den Strahlen der Dolde noch einmal kleinere Döldchen sitzen (Beispiel: Möhre) und das Körbchen, bei dem die kleinen Blüten auf einer verbreiterten Blütenstandsachse stehen (Beispiel: Sommeraster).
Viele Sommerblumen besitzen Körbchen, bei denen die äußeren Blüten als Zungenblüten, die inneren als Röhrenblüten ausgebildet sind (Beispiel: Sonnenblume). Somit wirkt der Blütenstand als geschlossene Einheit, die fast wie eine Blüte aussieht. Im Gegensatz zu dieser bezeichnet man ihn aber als Blume.

Bestäubung und Befruchtung

Damit sich aus der Samenanlage in der Blüte der keimfähige Samen entwickeln kann, müssen vorher Bestäubung und Befruchtung erfolgen.

Die generativen Prozesse bei der Pflanze: Die Übertragung des Pollens von einer Blüte zur Narbe derselben oder einer anderen Blüte wird als Bestäubung bezeichnet. Die Bestäubung kann zur Befruchtung führen, wenn die beteiligten Blüten zur gleichen Pflanzenart gehören und wenn die Narben bestäubungsbereit sind.
• Der Pollen gelangt in einem zweizelligen Zustand auf die Narbe. Diese sondert im reifen Zustand im typischen Fall ein Sekret ab, das den Pollen zur Ausbildung eines feinen Pollenschlauches anregt. Der Pollenschlauch durch-

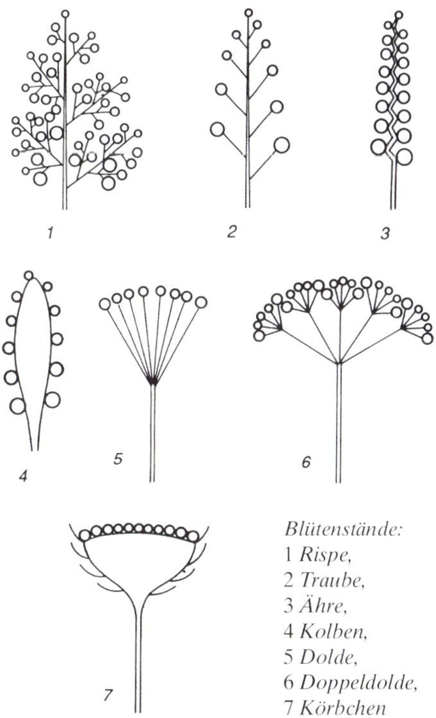

Blütenstände:
1 *Rispe,*
2 *Traube,*
3 *Ähre,*
4 *Kolben,*
5 *Dolde,*
6 *Doppeldolde,*
7 *Körbchen*

dringt das Griffelgewebe und gelangt zum Fruchtknoten, in dem er bis zur Samenanlage vordringt. Dabei scheidet er Wachstumsregulatoren ab. In der Samenanlage verschmilzt ein Kern des Pollenschlauches mit der Eizelle. Die befruchtete Eizelle entwickelt sich zum Embryo, die Häute der Samenanlage bilden die Samenschale. Zur Ausbildung des Nährgewebes ist ein weiterer generativer Prozeß notwendig.

• Bei Fremdbefruchtern, zu denen die meisten Pflanzen gehören, muß der Pollen der Blüte einer Pflanze auf die Narbe der Blüte einer völlig fremden Pflanze der gleichen Art gebracht werden.

Obstsorten sind meist Fremdbefruchter, d.h. sie sind selbstunfruchtbar (selbststeril). Bei ihnen ist sogar der sorteneigene Pollen nicht in der Lage, auf der Narbe von Blüten der gleichen Sorte auszukeimen, also eine Befruchtung auszulösen. Die Befruchtung kann nur nach Bestäubung durch Pollen einer anderen Sorte stattfinden. Unter den selbstunfruchtbaren Sorten einer Obstart gibt es ganze Gruppen von Sorten, die sich untereinander wie eine einzige selbstunfruchtbare Sorte verhalten, d.h. innerhalb aller Sorten dieser Sortengruppe ist keine Befruchtung möglich. Diese Intersterilität ist vor allem bei Steinobst (z.B. Süßkirschen) zu finden.

In anderen Fällen beruht die Unfähigkeit eines Pollens, die Befruchtung herbeizuführen, darauf, daß er mangelhaft ausgebildet ist. Dies trifft für Sorten zu, in deren Zellkernen von Körperzellen drei Chromosomensätze vorkommen. Solche (triploiden) Sorten benötigen zur Befruchtung stets Sorten mit doppelter Chromosomenzahl (diploide Sorten). Diese Pollensterilität spielt vorwiegend bei Steinobst eine Rolle.

• Zwischen Fremdbefruchtung und Selbstbefruchtung gibt es viele Übergänge. Bei Selbstbefruchtern wird der Pollen einer Zwitterblüte auf die Narbe der gleichen Blüte gebracht. Tomaten sind Selbstbefruchter. Wenn sie im Gewächshaus wachsen, genügt es, an ihnen zu rütteln, damit eine Bestäubung und Befruchtung der Blüten stattfinden kann.

Die Beerenobstarten sind überwiegend selbstfruchtbar. Allerdings erhöht der Anbau mehrerer Sorten einer Art, wie das im Garten üblich ist, die Ertragssicherheit und die Erträge. Bei Pfirsich und bei der Johannisbeere erfolgt die Selbstbestäubung teilweise bereits in der noch geschlossenen Blüte. Natürlich schließt die Fähigkeit zur Selbstbestäubung auch beim Obst die Fremdbestäubung und -befruchtung nicht aus.

Kleiner Fuchs auf dem Blütenstand des Schmetterlingsstrauches (Buddleja)

Künstliche Pollenübertragung: Bei der Samenzucht vieler Blumen wird der Pollen durch den Menschen übertragen. Auch der Hobbygärtner kann auf diese Weise bei Zimmerblumen und Freilandpflanzen einen sicheren Samenansatz bewirken. Er sucht eine geeignete Vaterpflanze aus und bringt an einem sonnigen Tag den Blütenstaub auf die Narbe einer Mutterpflanze. Bei dieser sollten bereits vorher die Staubblätter sorgfältig mit einer Pinzette entfernt werden, um eine Selbstbestäubung zu vermeiden.

Der Pollen kann auf den unter die Blüte gehaltenen Daumennagel geschüttelt werden (Beispiel: Alpenveilchen) oder kann mit einem Pinsel übertragen werden (Beispiel: Petunie). Schließlich kann man auch ein Staubblatt aus der Blüte entnehmen und die stäubenden Pollensäcke auf

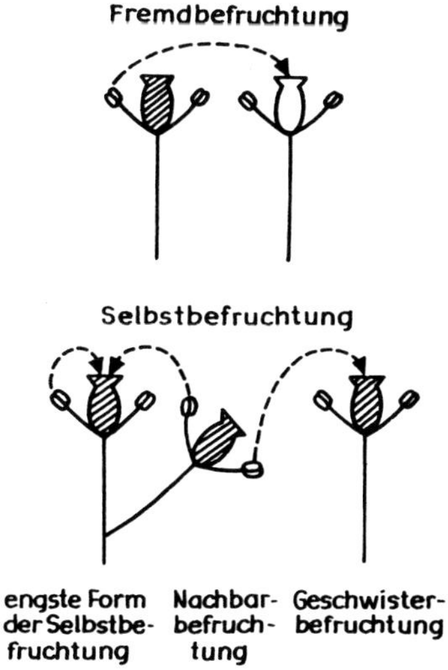

Befruchtungsmöglichkeiten

die Narbe der Blüte der Mutterpflanze tupfen. Der erfolgreiche Abschluß des Experimentes wird dadurch angezeigt, daß sich der Fruchtknoten nach Abfall der Kronblätter zu einer Kapsel oder einer anderen Fruchtart weiterentwickelt.

Stofftransport und Stoffumwandlung in der Blüte

In der Blüte ist der Stoffwechsel besonders rege, da diese in kurzer Zeit entsteht und die Zellen sich beim Erblühen strecken und dabei Wasser und organische Stoffe aufnehmen.

Stofftransport beim Erblühen: Da der entstehende Blütentrieb vergleichsweise viel weniger Chlorophyll enthält als die Blätter, aber durch eine rege Stoffwechseltätigkeit viel Energie verbraucht, zieht er die organischen Stoffe aus den anderen Teilen der Pflanze an sich. Diese werden hauptsächlich im Stoffwechsel verbraucht, d.h. veratmet. Dadurch kommt es zum Wachstum der Knospe und zur Entfaltung der Blüte.
In der Blütenregion werden nur wenig organische Stoffe gespeichert. Dadurch steht der Blüte wenig Stärke zur Verfügung. Sie ist also meist weniger haltbar als ein beblätterter Zweig. Der Stickstoff wird in das Zelleiweiß der Blütenorgane eingebaut. Beachtenswert ist weiterhin, daß die Kronblätter meist nur einen geringen Transpirationsschutz besitzen und dadurch häufiger anfällig gegen Trockenheit sind als die anderen Teile der Pflanze.

Welken: Wenn in den Geweben der Pflanze Wassermangel auftritt, beginnen sie zu welken. Das geschieht immer dann, wenn die Wasserabgabe stärker ist als die Wasseraufnahme. Die Pflanze verliert dann durch die Transpiration ihre Saftspannung (Turgor) und erschlafft, sie welkt.
Bei Schnittblumen ist der Blütentrieb vom Wurzelsystem getrennt. Er ist aber nicht in der Lage, die Wasserabgabe an die Umgebung schlagartig zu unterbinden. Selbst beim Verschluß der Spaltöffnungen geht weiterhin etwas Wasser verloren. Die Blüte beginnt zu welken. Dieser Prozeß kann bis zu einem gewissen Welkegrad durch das Einstellen der Blütentriebe in Wasser rückgängig gemacht werden. Jedoch wirkt der Wasserstreß meist so, daß die Pflanzenteile vorzeitig altern.

Verblühen: Während der Welkeprozeß durch rechtzeitige Wasserzufuhr gestoppt werden kann, ist das Verblühen ein Alterungsprozeß, der hinausgezögert, aber nicht mehr rückgängig gemacht werden kann. In der Natur wird das Verblühen durch die Bestäubung und Befruchtung der Blüte gefördert. Die Kohlenhydrate werden veratmet. Außerdem scheiden die Samenanlagen nach der Befruchtung Wachstumsregulatoren ab. Diese führen zur Spaltung der Eiweiße in den Blütenteilen und zum Abtransport der Aminosäuren aus den Zellen der Kelch- und Kronblätter zum Fruchtknoten und zu den Samenanlagen. Mit den Abbauvorgängen in den Blütenteilen verlaufen morphologische Vorgänge parallel. Die Kron- und teilweise auch die Kelchblätter verlieren Wasser und welken. In den meisten Fällen werden sie abgeworfen, erhalten bleibt lediglich der Fruchtknoten. Geschnittene Blumen verblühen oft schneller, als wenn sie an der Pflanze verbleiben, da sie von ihren Nachschubquellen abgetrennt sind

und dadurch keine organischen Stoffe nachgeliefert bekommen.
Beim Altern der Pflanzenteile, also auch beim Verblühen der Blüten, werden gasförmige Stoffe abgeschieden. Vor allem das Ethylen fördert den weiteren Alterungsprozeß und wirkt auch auf benachbarte Pflanzenteile, bei denen dadurch ebenfalls das Altern beschleunigt wird. Besonders ethylenempfindliche Schnittblumen sind Nelke, Iris, Lilie, einige Rosensorten, Tulpe und Orchideenarten sowie viele Sommerblumen. Eine Anzahl von Blumenfrischhaltemitteln hemmt die Bildung dieses Gases, stimuliert dadurch den Blühvorgang und verhindert Blüten- und Blattfall.

Verlängerung der Haltbarkeit von Schnittblumen: Die Ernte von Schnittblumen im eigenen Garten ist eine Beschäftigung, die viel Freude bereitet und Entspannung bringt. Dabei ist allerdings zu berücksichtigen, daß die Haltbarkeit eines Straußes stark von der Behandlung der Schnittblume abhängt.

Tabelle 9: Schnittzeitpunkt häufig genutzter Schnittblumen

Schnittzeitpunkt	Beispiele
knospige Blüte bzw. knospiger Blütenstand	Schwertlilie, Pfingstrose, Tulpe, Narzisse, Gladiole, Forsythie, Rose (dabei auf die sortenspezifisch unterschiedlich nach unten geneigten Kelchblätter achten)
halbgeöffnete Blüte bzw. halbgeöffneter Blütenstand	Flieder, Lilie, Akelei, Anemone, Clematis, Glockenblume
halb bis vollgeöffnete Blüte bzw. halb erblühter Blütenstand	Kaiserkrone, Fingerhut, Rittersporn, Sonnenhut, Wicke, Schafgarbe, Feuerlilie
voll geöffnete Blüte bzw. voll erblühter Blütenstand	Dahlie, Zinnie, Ringelblume, Sommeraster, Phlox, Christrose, Chrysantheme, Schmuckkörbchen, Feinstrahl, Sonnenbraut (bei Korbblütengewächsen sollten die beiden äußeren Kreise der Scheibenblüten erblüht sein)

• Zunächst muß der richtige »Reifegrad« der Blumen beachtet werden. Wird zu früh geschnitten, erblühen die Pflanzen in der Vase nicht oder lassen die Köpfe hängen.
In einigen Fällen können Blüten jedoch knospig geschnitten werden, die sonst nicht mehr in der Vase erblühen würden. Durch Zugabe entsprechender zuckerhaltiger Blumenfrischhaltemittel werden sie über das Vasenwasser so gut zusätzlich ernährt, daß die Knospen erblühen können (Beispiel: Edelnelke).
Geschnitten werden sollte möglichst in den frühen Morgenstunden, wenn die Pflanzenzellen noch die volle Saftspannung haben, eventuell auch abends, wenn sich viele Assimilate in den Blättern der Blütenstengel befinden. Es ist fast ausnahmslos wichtig, die Blumen sofort in Wasser zu stellen und an einen kühlen und schattigen Ort zu bringen! Dort dürfen keine welkenden Pflanzenteile und kein reifes Obst in der Nähe sein, damit das von diesen ausgeschiedene Ethylen nicht ein vorzeitiges Altern bewirkt.
• Bei der weiteren Behandlung der Blumen nach dem Schnitt sollten zunächst Maßnahmen ergriffen werden, um die Wasserabgabe durch die Pflanzenteile zu verrringern. Die Blumen sollten nicht offen getragen werden, sondern durch eine Umhüllung vor zu starker Transpiration geschützt werden. Von blattreichen Stengeln werden einige Laubblätter abgetrennt, um die transpirierende Fläche zu verkleinern (Beispiel: Sonnenblume). Läßt sich trotzdem das Welken nicht vermeiden, so hilft in vielen Fällen, wenn die Stengel vorübergehend bis an den Rand der Blüten tief in Wasser eingestellt werden. Alle wasserabgebenden Teile nehmen in diesem Fall Wasser auf.
• Beim Einstellen in die Vase gilt es, die Schnittfläche nachzuschneiden, damit eventuell eingetrocknete und verstopfte Leitbahnen wieder geöffnet werden. Mit dem scharfen Messer erfolgt ein schräger, möglichst langer, ziehender Schnitt. Dadurch entsteht eine größere Saugfläche. Dann wird sofort in zimmerwarmes Wasser eingestellt.

Der Garten läßt sich so planen, daß der Hobbygärtner das ganze Jahr über Sträuße für seine Vasen schneiden kann

In einigen Fällen erleichtern gesonderte Maßnahmen die Wasseraufnahme: Krautige Stiele werden einseitig eingeritzt (Beispiel: Christrose) oder einseitig eingeschnitten (Beispiel: Alpenveilchen). Blumen, die Milchsaft führen, sollten zunächst in warmem Wasser »ausbluten« (Beispiel: Weihnachtsstern). Das kurzfristige Eintauchen der Stielenden in kochendes Wasser kann bei Rosen und Chrysanthemen von Vorteil sein.

• Weitere Maßnahmen beeinflussen das Verblühen. Es kann versucht werden, das Bestäuben zu vermeiden. Bei Lilien z. B. kann ein dünn auf die Staubbeutel aufgetragener Klebstoff das Ausstäuben des Pollens verhindern. Niedrige Temperaturen drosseln die Atmung, so daß den Blüten die gespeicherten organischen Stoffe länger zur Verfügung stehen. Deshalb sollten Blumensträuße nachts kühl gestellt werden.

• Schließlich kann über das Vasenwasser eine zusätzliche Ernährung der Schnittblumen erfolgen und dadurch die Haltbarkeit wesentlich verlängert werden. Darauf wurde bereits an anderer Stelle hingewiesen. Die dazu eingesetzten Blumenfrischhaltemittel (»Blumennahrung«) enthalten

- Zucker für die Ernährung (Ersatz für unterbrochene Photosynthese);
- Stoffe mit dem Charakter von Wachstumsregulatoren;
- Stoffe, welche die Mikroorganismen, die sonst Fäulnis bewirken, in ihrem Wachstum hemmen oder abtöten;
- Puffersubstanzen zur Regelung des pH-Wertes des Wassers.

Die verschiedenen Blumenarten reagieren unterschiedlich auf diese Frischhaltemittel. Deshalb wurde von den einschlägigen Firmen eine Palette unterschiedlicher Präparate entwickelt.

10 Die Frucht

Ende und Anfang der Pflanzenentwicklung – Ernte und Lagerung

Unmittelbar an die Blütenentwicklung schließt sich die Ausbildung der Früchte an, welche die Samen enthalten. Während die Samen nach der Befruchtung aus den Samenanlagen hervorgehen, erfolgt die Fruchtbildung aus dem Fruchtknoten, eventuell unter Einschluß anderer Blütenorgane. Der Ablauf dieses Prozesses wird von Wachstumsregulatoren beeinflußt. In der Natur dient die Frucht dem Schutz und der Verbreitung der Samen. Züchterische Eingriffe haben in vielen Fällen ihre Eignung als Nahrungsmittel verbessert.

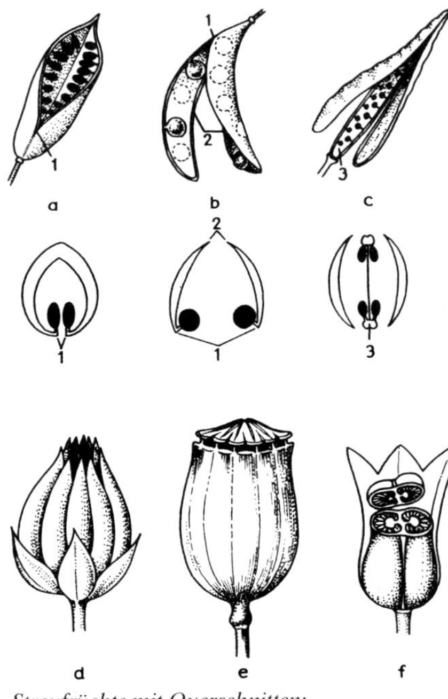

Streufrüchte mit Querschnitten:
a *Balg – Rittersporn (mit Querschnitt)*
b *Hülse – Erbse (mit Querschnitt)*
c *Schote – Goldlack (mit Querschnitt)*
d *Spaltkapsel – Lein*
e *Porenkapsel – Mohn*
f *Deckelkapsel – Bilsenkraut*
1 *Verwachsungsnaht des Fruchtblattes,* 2 *Mittelnaht,* 3 *falsche Scheidewand*

Fruchtbau

Nach morphologischen Gesichtspunkten unterscheidet man vorwiegend Einzelfrüchte und Sammelfrüchte.

Einzelfrüchte: Einzelfrüchte gehen aus einem einzigen Fruchtknoten hervor.

- Die Fruchtknotenwand entwickelt sich zur Fruchtwand. An dieser oder an einem zentralen Gewebe im Inneren der Frucht entwickeln sich ein oder mehrere Samen. Zur Zeit der Fruchtreife stirbt die Fruchtwand entweder ab oder sie verwandelt sich durch Umbildung der Speicherstoffe und durch Wassereinlagerung in ein saftiges Gebilde.
- Nach der Art, in der die Früchte ihren Samen freigeben, unterscheidet man zwischen Streu- und Schließfrüchten (Beispiele: Rittersporn – Haselnuß).

Die Walnuß ist eine einsamige Steinfrucht

Streufrüchte sind mehr oder weniger vielsamig. Sie öffnen sich nach der Reife und streuen die Samen aus. Ihrer Form nach werden Balg, Hülse, Schote und Kapsel unterschieden.

Schließfrüchte schließen den Samen auch nach der Reife und während der Verbreitung ein. In trockenen Schließfrüchten schützt die Fruchtwand den Samen in der Zeit der Nachreife vor Zersetzung durch Bakterien (Beispiel: Nuß – Eichel). Fleischige Schließfrüchte sind ein- bis vielsamig. Sie werden in der Natur häufig von Tieren gefressen. Ihre Samen überstehen den Verdauungsprozeß und werden oft erst durch die Verdauungssäfte des Darmes zur Keimung angeregt (Beispiele: Steinfrucht – Kirsche, Beere – Tomate).

Sammelfrüchte gehen aus Blüten mit mehreren Fruchtknoten hervor. Ihre Früchte bzw. Früchtchen sind zu Einheiten verbunden. Beim Apfel bildet jede Kammer des Kernhauses eine Balgfrucht. 5 Balgfrüchte sind vom fleischig verdickten Blütenboden umschlossen. Bei der Erdbeere ist der Blütenboden erhaben, auf ihm befinden sich kleine, kernartige Nußfrüchte. Beim Himbeere und Brombeere hingegen bildet jedes Einzelfrüchtchen eine kleine Steinfrucht.

Frucht- und Samenentwicklung

Die Fruchtentwicklung fängt bereits mit der Keimung des Pollenschlauches an, der Wachstumsregulatoren abscheidet und damit das Wachstum der Fruchtknotenwand auslöst. Von dieser Zeit an sind Samenentwicklung und Fruchtwachstum aufeinander abgestimmt.

Fruchtbildung: Bei vielen Pflanzen sind die Zellteilungen im Fruchtknoten zur Blütezeit bereits abgeschlossen. Das Fruchtwachstum besteht dann nur noch in einer Zellvergrößerung und Wassereinlagerung (Beispiel: Gurke). In anderen Fällen finden dagegen zunächst noch Zellteilungen statt (Beispiel: Kernobst). Im Verlaufe der Fruchtentwicklung übernimmt der sich in der Samenanlage entwickelnde Embryo die Produktion von Wachstumsregulatoren. Kommt es nicht zur Ausbildung eines Embryos (z. B. durch fehlende Befruchtung) oder wird die Entwicklung unterbrochen (z. B. durch Frost), so fallen die jungen Früchte ab.

Das Fruchtwachstum ist zunächst gering, steigt dann stark an und nimmt zur Fruchtreife hin wieder ab. Das endgültige Volumen einer Frucht wird dabei in erster Linie durch die Volumenvergrößerung der Zellen bestimmt. Die intensiven Wachstumsprozesse benötigen viel Energie. Deshalb werden große Mengen von Kohlen-

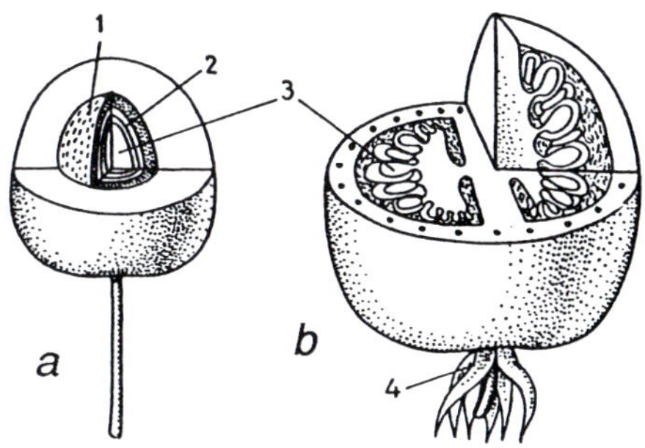

Fleischige Schließfrüchte:
a *Steinfrucht (einsamig) – Kirsche*
b *Beere (meist mehrsamig) – Tomate*
1 *Hartschicht der Fruchtwand,* 2 *Samenschale,*
3 *Samen,* 4 *Kelchblätter*

hydraten zu den Früchten transportiert. Später werden in umfangreichem Maße Speicherstoffe eingelagert. Solange von den Samen und Früchten Wachstumsregulatoren, vor allem Auxine, in den Sproß abgegeben werden, werden die Assimilate aus den Blättern angeliefert. Erst mit dem Ende ihrer Synthese setzt die Einlagerung aus und die Fruchtreife beginnt.
Bei starkem Fruchtansatz, z. B. bei Obstbäumen, konkurrieren die Früchte um die Assimilate, so daß sie nicht ihre volle Größe und die entsprechende Qualität erhalten. Ein rechtzeitiges Ausdünnen des Fruchtbehangs sichert dagegen gut entwickelte Früchte.

Fruchtreife bei trockenen Früchten: Bei trockenen Früchten gehen die Samen am Ende der Entwicklung in das Ruhestadium über. Die Fruchtwand wird bei Abnahme des Zustroms von Wasser und organischen Substanzen lederartig fest oder brüchig. Bei Schließfrüchten umschließt sie die Samen auch bei ihrer Verbreitung. Die Gliederschote des Hederichs besitzt z. B. eine harte Fruchtwand mit korkig-poröser Oberfläche. Gelangen Bruchstücke von ihr in den Boden und ist dieser schlecht durchlüftet und untätig, bleibt der in der Fruchtwand eingeschlossene Samen jahrelang keimfähig und bildet dann, wenn er bei der Bodenbearbeitung in durchlüftete Schichten gerät, eine neue Pflanze. Streufrüchte öffnen sich bei ausreichender Trockenheit der Fruchtwand auf unterschiedliche Weise. Sie streuen dann ihre Samen aus. Fruchtende Beikräuter (Unkräuter) sollte man deshalb noch vor der Frucht- und Samenreife beseitigen, damit ihre Samen nicht auf den Beeten zum Keimen kommen können.

Reiche Ernte ist das Ergebnis fachkundiger Pflege der Pflanzen ▶

Fruchtreife bei fleischigen Früchten: Vor Beginn der Reife verringert sich der Auxingehalt der Früchte, jedoch hält der Zustrom von Wasser und Assimilaten beim Obst bis zur Pflückreife an. Durch Stärkeabbau steigt der Zuckergehalt und beträgt schließlich bei einigen Obstarten mehr als 70% der Trockenmasse. Gleichzeitig wird z. B. beim Apfel der Gehalt an organischen Säuren reduziert, der Vitamingehalt verändert und der Anteil an wasserlöslichen Pektinen erhöht. Das ist am Weichwerden des Obstes zu erkennen. Außerdem erfolgt ein Farbumschlag z. B. von grün zu rot.

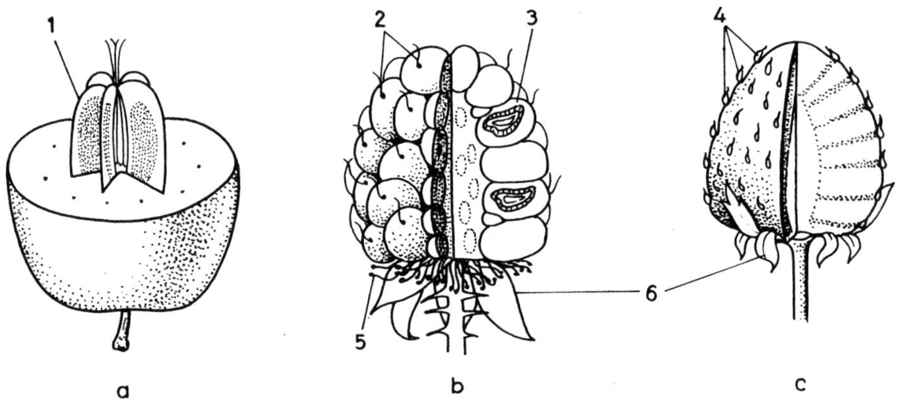

Sammelfrüchte:
a *Sammelbalgfrucht – Apfel*
b *Sammelsteinfrucht – Brombeere*
c *Sammelnußfrucht – Erdbeere*
1 *Balgfrucht mit Samen,* 2 *Steinfrüchte mit Griffelresten,* 3 *Hartschicht der Fruchtwand,* 4 *Nüßchen mit Griffelresten,* 5 *Staubblattreste,* 6 *Kelchblätter*

Johannisbeere: Nach der Befruchtung entwickelt sich der Fruchtknoten zur Frucht

Zwischen Pflückreife und Genußreife liegt bei Lagerobst ein mehr oder weniger langer Zeitraum. Nach Eintritt der Genußreife werden die Pektine abgebaut. Damit verschwindet die Kittsubstanz zwischen den Zellen. Diese verlieren ihre gegenseitige Verbindung. Dadurch wird das Obst überreif und nicht mehr lagerfähig.

Jungfernfrüchtigkeit: Einige Pflanzenarten besitzen bereits im Fruchtknoten einen hohen Gehalt an Wachstumsregulatoren. Dieser reicht aus, um trotz fehlender Samenbildung das Fruchtwachstum anzuregen. Man bezeichnet diese Eigenschaft als Jungfernfrüchtigkeit. Derartige Früchte unterscheiden sich teilweise äußerlich von solchen, die sich nach Befruchtung entwickeln. So sind z.B. Gewächshausgurken schlanker als solche, die im Freiland nach Insektenbestäubung entstanden. Auf jeden Fall enthalten diese Früchte nur verkümmerte Samen.

Ernte und Lagerung

In jedem Garten sollte neben Obst, das unmittelbar nach der Ernte verzehrt werden kann, auch Lagerobst angebaut werden, bei dem zwar zur Zeit der Ernte die Pflückreife, aber noch nicht die Genußreife eingetreten ist.

Reife des Obstes: Frühsorten von Apfel und Birnen sollten bis zur Vollreife am Baum hängen bleiben und jeweils nach Reifegrad ausgepflückt werden. Durch diese Maßnahmen steht dem Hobbygärtner den Sommer über sonnengereiftes Obst zur Verfügung. Beim Lagerobst hingegen entscheidet der Erntetermin über die Lagerfähigkeit. Zu früh geerntete Früchte welken, zu spät geerntete sind überreif.
Objektive Kriterien für das Einsetzen der Pflückreife von Lagerobst sind das Ansteigen der Fruchtatmung und die Minderung der Schalenfestigkeit. Beides kann der Selbstversorger nicht messen. Er muß sich auf die Erfahrungen der verschiedenen Erntejahre verlassen.
Da sich bei der Reife ein Trennungsgewebe am Grund des Fruchtstieles bildet, erkennt man die Pflückreife mancher Sorten daran, daß sich die Frucht durch leichtes Anheben vom Baum löst (Beispiel: Apfelsorte ›Berlepsch‹). Bei festhängenden Sorten (Beispiel: ›Gelber Köstlicher‹) läßt sich die Pflückreife daran erkennen, daß die Farbe der Frucht umschlägt.

Ernte des Obstes: Bei der Ernte erfordert die Fruchtbehandlung besondere Sorgfalt. Der günstigste Pflückzeitpunkt ist der Morgen, da zu dieser Zeit die Frucht voll Wasser gesaugt ist. Beim Pflücken dürfen an den Früchten keine Schadstellen durch lange Fingernägel oder durch Druck entstehen. Beschädigtes, madiges und schorfiges Obst ist auszusondern, da an den Stellen, an denen die Schale beschädigt wurde, Pilzsporen oder Bakterien eindringen, so daß Faulstellen entstehen. Auch der Transport muß sehr sorgfältig erfolgen. Am besten ist es, wenn die Früchte mit Holzwolle abgepolstert werden, damit sich keine Druckstellen bilden.

Lagerung von Früchten: Um längere Zeit vitaminreiches Obst oder Fruchtgemüse zum Verbrauch zur Verfügung zu haben, ist eine Lagerung für den Hobbygärtner empfehlenswert. Während Qualitätsunterschiede bei frischen Erzeugnissen oft nicht deutlich werden, haben sie jedoch auf die Lagerhaltung einen großen Einfluß.

• Obst hat bei der Ernte den Endabschnitt seiner Entwicklung erreicht. Jetzt wird die Ethylenproduktion gesteigert, die bei Apfel und Birne besonders ausgeprägt ist. Die Anwesenheit von Ethylen beschleunigt den Abbau hochmolekularer organischer Verbindungen in ihre Bausteine (Stärkeabbau zu Zucker), steigert die Durchlässigkeit der Zellwände und erhöht die Atmung. Es beschleunigt also den Alterungsprozeß. Damit sich lagernde Pflanzenteile durch ihre Ethylenproduktion nicht gegenseitig beeinflussen, ist es wichtig, Obst grundsätzlich getrennt von Gemüse und Schnittblumen zu lagern.

Bei Temperaturen unter 4 °C wird die Ethylenproduktion weitgehend unterbunden. Außerdem wird durch Kühlung die Atmung gedrosselt. Damit wird die Lagerfähigkeit von Obst wesentlich verlängert. Durch Luftbewegung wird die durch die Atmung anfallende Wärme möglichst schnell von den Früchten abgeführt.

Zur Verhinderung einer zu hohen Wasserabgabe ist es notwendig, eine relative Luftfeuchtigkeit von 85 bis 92 % zu halten. Über diesen Werten steigt der Befall mit mikrobiellen Krankheitserregern, unter diesen Werten beginnt das Obst zu schrumpfen. Ist die hohe Luftfeuchtigkeit im Keller nicht zu erzielen, hat sich eine Umhüllung des Lagergutes mit Polyäthylenfolie bewährt.

• Im Fruchtgemüse, das voll ausgebildet und ausgereift ist, wie Tomate und Gurke, herrschen die Alterungsprozesse vor. Durch Abbau der Pektine und durch Spaltung der Stärke und Eiweißstoffe wird das Fruchtfleisch weich und saftig, geht aber auch schnell in Zersetzung über. Auch hier drosselt Kühllagerung die Prozesse, wobei die Temperaturen nicht zu stark absinken sollen, da sonst Schäden durch Stoffwechselstörungen auftreten. Fruchtgemüse aus dem Wochenendgarten läßt sich bei etwa 5 °C einige Zeit im Gemüsefach des Kühlschrankes frisch aufbewahren, verträgt aber niedrigere Temperaturen nur schlecht.

• In Früchten, die sich noch entwickeln, wie grüne Erbsen und Bohnen, vollziehen sich hingegen noch Aufbauprozesse. Zucker wird in Stärke, Aminosäuren werden in Eiweiße aufgebaut. Die Zellwände verfestigen sich durch Einlagerung schwer löslicher Stoffe. Durch eine Temperatursenkung bis zu 4 °C können diese Prozesse beträchtlich gehemmt und sogar teilweise unterbunden werden.

Johannisbeere: Zur Reife erfolgt ein Farbumschlag der Beeren, die dadurch anlockend auf Tiere wirken

Weiterführende Literatur

BÖHLMANN, D., 1982: Ökophysiologisches Praktikum – Grundlagen des Pflanzenwachstums. Berlin, Hamburg: Paul Parey.

BÖHM, C., 1987: Pareys Gartenhandbuch. Berlin, Hamburg: Paul Parey.

DEUTSCHMANN, K.-H., H. HEMPEL 1984: Florales Gestalten. Leipzig, Radebeul: Neumann.

EICHENBERGER, R., S. HENGGELER, O. SCHMID und H. VOGTMANN 1983: Das Jahr im biologischen Gartenbau. Ein Aussaat- und Arbeitskalender. Stuttgart: Eugen Ulmer.

ELERS, B., 1989: So gärtnert man biologisch. Pareys bunte Gartentips. Berlin, Hamburg: Paul Parey.

FITTER, A., 1987: Pareys Naturführer Plus, Blumen. Berlin, Hamburg: Paul Parey.

GENDERS, R., 1980: So einfach ist der Anbau von Gemüse. Pareys bunte Gartentips. Berlin, Hamburg: Paul Parey.

HÄCKEL, H., 1989: Das Gartenklima: verstehen, nutzen, lenken. Stuttgart: Eugen Ulmer.

JACOB, F., E. J. JÄGER, E. OHMANN, 1987: Botanik. Jena: Gustav Fischer.

JANSEN, H., E. BACHTHALER, E. FÖLSTER, H.-Ch. SCHARPF, 1984: Gärtnerischer Pflanzenbau. Grundlagen des Anbaues unter Glas und Kunststoffen. Stuttgart: Eugen Ulmer.

KAWOLLEK, W., 1987: Handbuch der Pflanzenvermehrung. Melsungen: J. Neumann – Neudamm.

MÄKELER, M., 1990: Fruchtbarer Gartenboden durch richtige Bodenpflege und Düngung. Pareys bunte Gartentips. Berlin, Hamburg: Paul Parey.

MICHAELI-ACHMÜHLE, P., 1985: Gartenpraxis von A–Z. München, Wien, Zürich: BLV.

RÄUBER, H., A. FUCHS, H. ROSENHAHN, 1989: Biologie – Pflanzenproduktion. Lehrbuch der Agraringenieurschulen. Berlin: Deutscher Landwirtschaftsverlag.

RUSCH, H.-P., 1978: Bodenfruchtbarkeit, eine Studie biologischen Denkens. Heidelberg: K. F. Hang

SASS, E., 1975: Blumengestaltung in Vasen. Berlin, Hamburg: Paul Parey.

SEYMOUR, J., 1979: Selbstversorgung aus dem Garten. Ravensburg: O. Maier.

SOMMER, S., 1974: Blumen- und Pflanzenfenster. Berlin: Deutscher Landwirtschaftsverlag.

THOMAS, E., H. THOMAS, 1988: Unsere Balkonpflanzen. Leipzig: Verlag für die Frau.

Sachregister

Halbfett hervorgehobene Seiten-Zahlen verweisen auf eine nähere Erklärung des Begriffes